TITRES

ET

TRAVAUX SCIENTIFIQUES

DU

Docteur Charles LESIEUR

(DE LYON)

LYON

IMPRIMERIE PAUL LEGENDRE ET Cᵉ

14, rue Bellecordière, 14

1909

Ch. Lesieur

Lyon médical

Inoculation transcutanée de la
tuberculose (avec J. Courmont
et André), t. — 465.
Production de substances hyperthermisantes —
spécifiques par l'électrolyse de b. tuberculeux
(avec Chanoz et de Fossey) I. 329.
Rage (avec Barjon) I. 484
lésion tuberculeuse ? de la circonvolution de
Broca et aphasie (avec Barjon) I. 1029.
Traitement antirabique dans la région lyonnaise
en 1906 (avec Nicolas) II. 456.
Ophtalmo réaction tuberculeuse II. 464.
Production de substances hyperthermisantes
par l'action d'un sérum bactériolytique
sur de b. tuberculeux. I. 470.
Vibration mitral I. 836.
Rachitisme congénital dans une famille
de cobayes, nés de mère tuberculeuse —
I. 944.

Ch. Lenieux .   Lyon médical   1908 .

Traitement antirabique dans la région Roumaine
en 1907 (avec Nicolas)   II 1120 .
Réinoculations tuberculeuses   I 1383
        (avec J. Courmont)
Sciatique symptomatique d'une lésion du
        sacrum (avec Froment et
        Leriche)   II . 1101 .
Recherche de l'urobiline dans le sérum
        (avec Mouriquand et Morel) I . 680 .
Cardiopathie expérimentale et athérome
        aortique (avec de Labourfont II . 862 .
Goître congénital avec rétrécissement cytologique
        interne (avec Froment) I . 1232 .
Sciatique radiculaire par lésion du sacrum
        (avec Froment) II . 652 .
Cancer du pancréas (avec Garin) II 289
Recherches sur l'urobiline dans le sang humain
        (avec Morel) II . 874 .
Persistance du b. d'Eberth dans le sang pendant
        la convalescence et après la guérison de la
        f. typhoïde (I . 620 .   la gale . II . 785 .
Albuminurie au cours de
Aphasie avec dysarthrie (av. Froment I . 1908

Ch. Lesieur

Soc. de Biologie
Soc. méd. des hôp. de Paris 1907-09

Divers travaux sur :

B. d'Eberth dans le sang après f. typhoïde
Urobilinurie, urobilinémie.
Intoxication bismuthée
Tabagisme
syphilis nerveux

Rapport sur l'épidémiologie
de la f. typhoïde
au congrès de l'AFAS
de Clermont Août 06
et Province médical

Ch. Lyon <u>Gloses inspirées</u> : Lyon 1907. 08-09.

[illegible] — Tumeurs du [illegible]
Rollin — Hématomes intramusculaires
    de la leucémie
Ban — Épidémiologie de la
    Scarlatine
Chanoine — Origine périphérique de la
    Tuberculose.
Collignon — Convalescence de f. typhoïde
Dulaut — Contagion aérienne
Godar — Étiologie non hydrique
    de la f. typhoïde.
de Labousefou — Tabagisme
Roussel — [illegible]

Ch. Crieur   1909

Lyon médical

Syphilis du névraxe (avec Froment
et Garin) T. 483
Pneumonie contusive (id.)
T. 555
Rétrécissement de l'œsophage (av. Sargnon)
T. 764
D. avec ... du pylore. ibid.
~~...~~   ) (ibid.
— du poumon   ) (Soc. de méd.)
Erythème bulleux   (id.
Hémoculture dans pneumonie   Soc. méd. réf.)
Hémiplégie pneumonique   id.
~~...~~
Pierres du poumon

TITRES

ET

TRAVAUX SCIENTIFIQUES

DU

Docteur Charles LESIEUR

(DE LYON)

LYON

IMPRIMERIE Paul LEGENDRE ET Cie

14, rue Bellecordière, 14

1909

TITRES

TITRES UNIVERSITAIRES

Docteur en médecine de l'Université de Lyon (1901).

Ancien préparateur du cours de médecine expérimentale et comparée à la Faculté de médecine de Lyon (1897-1900).

Chef des travaux du laboratoire d'hygiène de l'Université de Lyon (depuis 1900).

Agrégé de médecine à la Faculté (1907)

Chargé du cours d'Hygiène administrative

Proposé en 1re ligne pour la Chaire d'anatomie pathologique

TITRES HOSPITALIERS

Ancien externe des Hôpitaux de Lyon (concours de 1894).

Ex-interne provisoire des Hôpitaux de Lyon (concours de 1896).

Ex-interne des Hôpitaux de Lyon (concours de 1897) et des Cliniques médicales de l'Université de Lyon.

Admissible aux concours pour le titre de médecin des Hôpitaux de Lyon (1905, mai 1906, novembre 1906).

Médecin des Hôpitaux (1907)

SERVICES PUBLICS

Chef du Service antirabique à l'Institut bactériologique de Lyon (depuis 1900).

Médecin des services de police de l'agglomération lyonnaise (concours de 1901).

Médecin du Bureau de bienfaisance de Lyon (concours de 1903).

Médecin du Dispensaire antituberculeux de Lyon (depuis 1905).

Membre de la Commission sanitaire de Lyon (1907)

RÉCOMPENSES

Lauréat des Hôpitaux de Lyon : prix Bouchet (concours de 1901).

Lauréat de l'Université de Lyon : prix Falcouz (concours de 1902).

Lauréat de l'Académie de Médecine : prix Vernois (concours de 1904).

Mention très honorable de l'Académie de Médecine (concours du prix Audiffred 1906).

DISTINCTIONS HONORIFIQUES

Chargé par M. le Ministre de l'Instruction publique d'une mission d'enquête sur l'enseignement et l'organisation de l'hygiène en Italie (bourse de voyage de l'Université de Lyon, 1901).

Officier d'académie (1904).

Rapporteur de la section d'hygiène au Congrès de l'Association française pour l'avancement des sciences (Lyon, 1906).

ENSEIGNEMENT

Travaux pratiques d'hygiène à la Faculté de médecine de Lyon (depuis 1900).

Cours et Travaux pratiques préparatoires au Certificat d'études d'hygiène de l'Université de Lyon (depuis 1905).

Cours d'hygiène sociale à l'Office social de Lyon (depuis 1905).

SOCIÉTÉS SAVANTES

Membre de la Société des Sciences vétérinaires de Lyon (depuis 1902).

Membre de l'Association française pour l'avancement des sciences (depuis 1906).

Membre de la Société des Sciences médicales de Lyon (depuis 1906).

TRAVAUX SCIENTIFIQUES

Nos travaux, dans leur ensemble, se rapportent à la fois à la pathologie expérimentale et à la médecine anatomo-clinique. Cependant, nous ne les grouperons pas d'après cette division, qui nous entraînerait dans de nombreuses redites : nos recherches bactériologiques, par exemple, ont été poursuivies, pour la plupart, à la fois au laboratoire et au lit du malade, soit pendant notre internat, soit au cours de nos suppléances dans les hôpitaux.

Aussi, avons-nous préféré adopter la division suivante dans notre exposé :

I.   Diphtérie.

II.   Rage.

III. Fièvre typhoïde.

IV. Tuberculose et pleurésies.

V.   Rhumatisme et endocardites.

VI. Staphylococcie.

VII. Séméiologie urinaire (cryoscopie, toxicité).

VIII. Alcoolisme et absinthisme.

IX. Cancer.

X.   Maladies abdominales.

XI. Maladies nerveuses.

XII. Hygiène et bactériologie générales.

XIII. Varia.

I. — DIPHTERIE

BACILLES PSEUDO-DIPHTÉRIQUES

---

1. — **De la présence du bacille de Lœffler et du bacille pseudo-diphtérique chez les enfants hospitalisés** (En collaboration avec M. P. CHATIN).

> *Revue d'hygiène et de police sanitaire*, 1900, t. XXII, n° 6, p. 503-516.

A l'occasion d'un cas de croup observé dans un asile d'enfants convalescents, nous avons procédé à l'examen systématique de la gorge de tous les enfants hospitalisés dans cet asile.

Sur 75 cas, nous avons relevé 14 angines, dont deux diphtériques, et dont cinq à bacilles pseudo-diphtériques. Des 61 enfants sains, 12 présentaient le bacille pseudo-diphtérique. Ces faits sont conformes à ceux qu'ont publiés, dès 1890, MM. Roux et Yersin.

En présence de ces résultats, nous avons pris les *mesures prophylactiques* suivantes : Envoi rapide de tous les suspects, au point de vue bactériologique, dans le service des contagieux. Renvoi dans leur famille, après examen négatif, de tous les enfants sains pouvant quitter l'hôpital. Examen bactériologique, le même jour, de tous les enfants restants, ne pouvant pas quitter l'hôpital : les suspects sont envoyés aux contagieux, les sains restent. Admission de nouveaux entrants après désinfection préalable.

De nouveaux cas de diphtérie ayant éclaté 6 mois plus tard à l'asile, il nous a paru qu'il fallait très probablement en accuser l'apport de nouveaux germes par un entrant, et que l'examen bactériologique, avant l'admission à l'hôpital de convalescents, constituerait une mesure rigoureusement logique de prophylaxie.

Mais, concluons-nous, la question de prophylaxie hospitalière de la diphtérie sera des plus difficiles, tant que le *problème théorique* des relations du bacille de Lœffler et du bacille pseudo-diphtérique ne sera pas résolu.

---

2. — Sur le diagnostic bactériologique de la diphtérie (procédé de Neisser) et sur la fréquence du bacille pseudo-diphtérique.

Société des Sciences Médicales de Lyon, 9 mai 1900.
Lyon Médical, 1900, XCXI, p. 241.

3. — Contribution à l'étude du diagnostic bactériologique de la diphtérie. — Recherches sur la fréquence et les caractères des bacilles pseudo-diphtériques. — Valeur de la réaction de Neisser.

Province Médicale, 1900, p. 505 et 507.

Neisser (1897) a attiré l'attention sur l'existence, chez le bacille diphtérique, de *condensations protoplasmiques polaires*, se colorant en bleu, tandis que le corps bacillaire reste brun, si l'on traite une colonie de 20 heures sur sérum par une solution hydro-alcoolique de bleu de méthylène acide (2"), puis une solution aqueuse à 3 p. 100 de brun de Bismarck (4"). Il a pensé distinguer ainsi le vrai bacille de Lœffler du pseudo-bacille d'Hoffmann, qui se colorerait uniformément en brun. (Fig. 1).

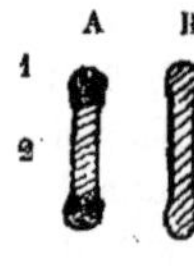

A. Bacille de Lœffler.
B. Pseudo diphtérique.
1 Granulations polaires, colorées en bleu.
2 Corps protoplasmique, coloré en brun.

Fig. 1.

Tout en faisant des réserves sur la valeur de ce procédé, supérieur aux autres proposés dans le même but, nous l'avons appliqué à l'examen bactériologique systématique du nez et de la gorge de 120 sujets, enfants ou adultes, après contact ou sans contact sus-

pect, avec ou sans angine. La *fréquence* du bacille pseudo-diphtérique, dans ces conditions, nous a paru, en moyenne, de 17,5 %,
chiffre assez comparable à ceux de la plupart des auteurs (Roux et
Yersin, etc.).

**4. — Etude comparée des bacilles diphtériques et pseudo-diphté-
riques du nez et de la gorge.**

> *Bulletin de la Société Médicale des Hôpitaux de Paris,*
> 1901, p. 980.
> *Province Médicale*, 1901, p. 362.

Il semble que, si l'on rencontre des bacilles virulents dans les
mucosités du coryza diphtérique, le mucus nasal sain renferme des
bacilles non virulents, dits « pseudo-diphtériques », beaucoup plus
fréquemment que les secrétions amygdaliennes : chez des individus placés dans les mêmes conditions, nous avons trouvé le
pseudo-diphtérique dans le nez dans 42,85 p. 100 des cas, et dans la
gorge dans 2.85 p. 100 des cas seulement. Toutes les fois que la
muqueuse nasale était saine, que la gorge contînt ou ne contînt
pas de bacilles actifs, les bacilles du nez étaient dépourvus de
pouvoir pathogène pour le cobaye ; lorsqu'il y avait coryza, les
bacilles du nez se montraient virulents.

La question peut se poser, de savoir si l'absence de virulence
dans certains cas n'est pas due au *pouvoir atténuant du mucus
nasal*, bien connu depuis les travaux de Lermoyez et Wurtz, etc.
D'ailleurs, F. Arloing a prouvé récemment l'influence de la mu-
cine sur le bacille diphtérique.

On peut également se demander si, pratiquement, du mucus
provenant de cavités nasales saines peut propager la diphtérie.
Nos faits tendraient à faire admettre la négative.

**5. — Production de paralysies chez le cobaye par des bacilles dits
« pseudo-diphtériques ».**

> *Comptes rendus de la Société de Biologie*, 1901, p. 817.
> *Province Médicale*, 1901, p. 385.

On sait, depuis Roux et Yersin, que la toxine du bacille de

Lœffler produit facilement sur l'animal des paralysies analogues aux paralysies diphtériques cliniques.

Nous avons vu que certains bacilles, dits « pseudo-diphtériques », parce qu'ils ne sont pas virulents pour le cobaye aux doses ordinaires, sont cependant capables, eux aussi, de déterminer chez cet animal des paralysies mortelles. Il suffit parfois, pour observer ce fait, ou d'inoculer de fortes doses des premières cultures, complètes ou filtrées, ou d'employer des doses ordinaires de bacilles artificiellement renforcés.

Il nous semble qu'on pourrait dégager, de ces faits, au moins une nouvelle présomption en faveur de l'identité avec le bacille de Lœffler, sinon de tous les bacilles dits « pseudo-diphtériques », du moins de certains échantillons de ces derniers.

---

6. — Contribution à l'étude des organes lymphoïdes du pharynx et de l'amygdale en particulier, dans leurs rapports avec l'infection.

Thèse de P. Cahuzac, Lyon, 1900-1901.

Considérations sur le rôle protecteur des amygdales contre l'infection (diphtérie en particulier).

---

7. — De l'agglutination des bacilles dits « pseudo-diphtériques ».

Comptes rendus de la Société de Biologie, 1901, p. 819.
Province Médicale, 1901, p. 375.

On sait, depuis J. Nicolas (1896), que le sérum anti-diphtérique peut agglutiner les cultures liquides des bacilles de Lœffler, mais que cette agglutination n'est pas constante, et que les différences observées tiennent aux échantillons de bacilles, lesquels peuvent acquérir l'agglutinabilité après s'en être montrés dépourvus.

Nos propres expériences confirment celles de Nicolas, sur l'inconstance de l'agglutinabilité des bacilles diphtériques suivant les échantillons, sur l'acquisition possible de cette propriété, et sur l'absence de rapport entre l'agglutinabilité et la virulence. Elles montrent, en outre, que le sérum de chèvre immunisé par inoculations de cultures complètes peut agglutiner certaines cultures, que n'agglutinait pas le sérum de cheval immunisé par injections de toxines.

Enfin, et surtout, elles font voir que les bacilles non virulents dits « pseudo-diphtériques », contrairement aux espérances de Frœnkel, ne se comportent pas autrement que les bacilles de Lœffler, vis-à-vis du sérum spécifique expérimenté *in vitro*. Ces faits constituent une nouvelle présomption en faveur de la théorie de l'identité de *certains* échantillons de ces bacilles, sinon de tous, avec le bacille de la diphtérie.

---

8. — Les bacilles « pseudo-diphtériques » : propriétés pathogènes, valeur diagnostique.

> *Mémoire couronné par les Hospices civils de Lyon* (prix Bouchet, concours de 1901).

9. — Les bacilles dits « pseudo-diphtériques » : leur rôle en pathologie humaine.

> *Journal de Physiologie et de Pathologie générale*, 1901, p. 961-976.

10. — Les bacilles dits « pseudo-diphtériques » : étude bactériologique.

> *Journal de Physiologie et de Pathologie générale*, 1901, p. 1.000-1.015.

11. — Les bacilles dits « pseudo-diphtériques ».

> *Thèse de Lyon*, 1901. Paris, Baillière, 1 vol., 234 pages, avec tableaux, 1 planche hors texte, 3 figures en couleur.

12. — Le bacille pseudo-diphtérique et le diagnostic bactériologique de la diphtérie.

Bulletin de la Société Médicale des Hôpitaux de Lyon,
7 février 1902, p. 68.

L'importance du diagnostic bactériologique de la diphtérie est bien connue. Sa valeur a pourtant paru ébranlée par la découverte, due à Hoffmann (1888), dans la gorge d'assez nombreux individus sains ou atteints d'angine, d'un bacille gardant le Gram et poussant en 18 heures à 37° sur sérum solidifié, ayant tous les caractères du bacille de Lœffler, *sauf son pouvoir pathogène* : il ne tuerait pas le cobaye dans les conditions habituelles. Ce bacille non virulent avait déjà été entrevu par Lœffler en 1887 ; il fut étudié avec détail en 1890 par Roux et Yersin.

D'une façon générale, l'Ecole Allemande considère le bacille d'Hoffmann comme une *espèce différente* du bacille de Lœffler, l'Ecole Française admet que c'est un *bacille diphtérique atténué.* La question se complique encore des bacilles diphtériques courts qui sont souvent peu ou pas virulents (L. Martin), et que certains rapprochent des bacilles d'Hoffmann (Barbier et Ulmann).

On a alors cherché des *méthodes de différenciation* rapide des vrais et des pseudo-bacilles.

Neisser (1897) a pensé distinguer le vrai bacille de Lœffler du pseudo-bacille, par sa réaction (voy. n° 3) : le premier aurait ses pôles bleus, le second se colorerait en brun uniforme. Escherich (1890) a proposé de cultiver en milieux lactosés et tournesolés : le bacille de Lœffler rougirait rapidement le bouillon (acides), tandis que le bacille d'Hoffmann le laisserait bleu (pas d'acides). Spronck (1896) a cherché à utiliser les propriétés préventives du sérum anti-diphtérique : on injecte 1 cc. de sérum sous la peau d'un cobaye de 350 grammes, 6 heures avant l'inoculation de la culture douteuse : le bacille de Lœffler ne produirait pas d'œdème ; le bacille d'Hoffmann, sans tuer le cobaye, ferait de l'œdème local en 24 heures. Frœnkel (1896) a voulu utiliser l'agglutination, etc.

Tous ces procédés ont eu leurs partisans et leurs détracteurs. Nous avons repris la question, sous la direction du Prof. J. Courmont, avec *70 échantillons* de bacilles diphtériques ou pseudo-diphtériques : 40 virulents pour le cobaye, 30 non virulents (ces derniers provenant pour la plupart de nez, ou de gorges saines, ou d'angines guéries). Tous ces bacilles ont été cultivés et inoculés ; leurs toxines étudiées ; ils ont été soumis à l'épreuve de Spronck, de Neisser, à l'agglutination ; des tentatives d'exaltation de leur virulence, de vaccination avec eux contre le bacille de Lœffler ont été faites, etc.

Voici les résultats que nous avons obtenus :

1°) *La morphologie* n'a pas de rapports constants avec la virulence : les bacilles courts sont souvent virulents (20 %), les longs ne le sont pas toujours (14 %).

2°) *La réaction de Neisser* n'est ni constante ni spécifique : 80 p. 100 seulement de nos bacilles virulents prenaient le Neisser ; des non virulents, 20 p. 100 le prenaient aussi. Cette réaction constitue cependant une présomption de virulence.

3°) L'acidification des bouillons lactosés (*épreuve d'Escherich*) est inconstante chez les virulents, et peut se montrer chez les non virulents (nous l'avons trouvée positive dans 20 à 23 % des cas, de l'un et l'autre groupe).

4°) *L'épreuve de Spronck* ne donne des résultats positifs qu'avec 35 p. 100 des bacilles de Lœffler, et ne donne des résultats négatifs que dans 40 p. 100 des bacilles d'Hoffmann : elle ne peut non plus servir à la diagnose.

5°) *La virulence* du bacille de Lœffler n'est pas forcément en rapport avec la gravité de la diphtérie d'où il provient, nous avons relevé une mortalité de 23 % chez les sujets porteurs de bacilles de Lœffler, et de 3 % chez les porteurs de bacilles d'Hoffmann.

6°) Les bacilles d'Hoffmann se rencontrent 20 fois *plus fréquemment dans le nez* que dans la gorge chez les diphtériques ; c'est probablement l'effet du pouvoir bactéricide du mucus nasal.

7°) Sur 120 gorges examinées, 21, soit 17,5 % *contenaient du bacille d'Hoffmann* (dans un milieu contaminé il est vrai).

8°) *L'agglutination* n'est pas un procédé de diagnose : bacilles virulents et non virulents sont également agglutinables, dans une proportion de 28 à 30 %.

9°) Certains bacilles non virulents (43 %) ont fabriqué une *toxine active*, neutralisable par le sérum anti-diphtérique, alors que, de nos bacilles virulents, quelques-uns (7 %) se sont montrés absolument dénués de pouvoir toxigène.

10°) Quelques bacilles non virulents font à la longue des *paralysies* sur le cobaye (voy. n° 5).

11°) Nous avons, pour la première fois, rendu à certains bacilles non virulents leur *pouvoir pathogène*, par cultures en sacs de collodion dans le péritoine du cobaye, par des réensemencements fréquents en bouillon nutritif, ou par leur association avec le staphylocoque pyogène. Nous avons réalisé, *inversement*, la perte de la virulence du bacille de Lœffler.

12°) Les tentatives de *vaccination* de cobayes avec des bacilles non virulents contre le bacille de Lœffler ont échoué.

De tous ces faits, nous concluons au *démembrement du groupe classique des pseudo-diphtériques*, et proposons d'y distinguer :

a) Des bacilles diphtériques vrais atténués (fréquence : 60 %).
b) Des bacilles douteux :
Les uns probablement diphtériques (20 %).
Les autres probablement pseudo-diphtériques (10 %).
c) Des bacilles certainement pseudo-diphtériques (10 %).

En somme, 80 % au moins des bacilles ayant tous les caractères du bacille de Lœffler, moins la virulence, et dits « pseudo-diphtériques », sont des bacilles diphtériques vrais atténués. Les véritables bacilles pseudo-diphtériques sont donc très rares ; ils ont, en plus, souvent des caractères de culture (bien que gardant le Gram), qui pourraient suffire à les éliminer plus ou moins rapidement.

En pratique, nous arrivons à formuler ce principe : Étant donné : 1° la rareté des bacilles pseudo-diphtériques légitimes ; 2° la possibilité, pour des bacilles peu ou pas virulents, de causer de véritables diphtéries ; 3° le défaut de concordance entre les formes longues ou courtes et la virulence : *il faut considérer comme diphtériques tous les bacilles végétant en 15 à 20 heures à + 37° sur sérum solidifié, et gardant le Gram*. Les erreurs sont ainsi réduites au minimum.

Cette conclusion, d'après laquelle les bacilles soi-disant « pseudo-diphtériques » ne doivent plus être un obstacle au diagnostic bactériologique de la diphtérie, est corroborée par plusieurs des 250 travaux dont nous donnons l'indication à la fin de notre thèse ; elle a été confirmée depuis par d'autres recherches (de Nigris, Gauquelin, Falières, etc.).

Enfin, l'ensemble de nos publications sur ce sujet a été couronné par l'Académie de médecine, qui les a honorées du prix Vernois (concours de 1904).

**13. — Epidémie de conjonctivites aiguës à bacilles pseudo-diphté-
riques.**

In Montagard, cité par J. Courmont, *Précis de Bactériologie pratique*, 1903, p. 798.

Epidémie de caserne : 5 cas vus par nous ; dans deux cas exa-
minés bactériologiquement, nous avons trouvé le bacille d'Hoffmann.

**14. — Essais de neutralisation des toxines diphtérique et tétanique
par l'hyposulfite de soude chez le cobaye** (En collaboration
avec M. J. NICOLAS).

Province Médicale, 1900, p. 519.

L'hyposulfite de soude ne paraît avoir aucune action préventive
ou curative sur les intoxications diphtérique et tétanique chez le
cobaye et, même mélangé *in vitro* à ces toxines avant leur injec-
tion, il ne semble nullement modifier leur action pathogène.

II. — RAGE

A. — HÉMATOLOGIE ET CYTOLOGIE

15. — **La polynucléose de la rage clinique ou expérimentale** (En collaboration avec M. le professeur J. COURMONT).

> *Comptes rendus de la Société de Biologie*, 1901, p. 188.
> *Province Médicale*, 1901, p. 109.

16-19. — **La polynucléose de la rage** (En collaboration avec M. le professeur J. Courmont.

> *Congrès de Médecine interne de Berlin*, avril 1901.
> *Bulletin de la Société vétérinaire de Lyon*, juillet 1901.
> *Journal de Physiologie et de Pathologie générale*, 1901, p. 599-610.
> *Province Médicale*, 1901, p. 433.

L'étude des leucocytes chez l'homme, le cobaye, le lapin, le chat, le chien, atteints de rage clinique ou expérimentale, conduit aux *conclusions* suivantes :

1°) La leucocytose totale s'élève en général pendant la période terminale, parfois même considérablement. Cette *hyperleucocytose* peut manquer, surtout chez le lapin et le cobaye. Elle est parfois précédée, en particulier chez le lapin, d'une période hypoleucocytaire, à la fin de l'incubation.

2°) Indépendamment du degré de la leucocytose totale, la rage s'accompagne *toujours de polynucléose neutrophile* intense, dont voici les moyennes :

	Polynucléaires des normaux	Polynucléaires des enragés
Homme.....................	66 %	84-88 %
Cobaye.....................	50	78
Lapin.....................	45	84
Chien.....................	69	93

Cette polynucléose s'établit en même temps que les symptômes nerveux apparaissent ; les chiffres moyens donnés ci-dessus appartiennent à l'ensemble de la période morbide. Elle va cependant, en général, en augmentant jusqu'à la mort. En tous cas, elle ne s'abaisse jamais au-dessous d'une moyenne très élevée ; elle ne subit que des oscillations insignifiantes depuis le début de la maladie jusqu'à la mort.

Pendant l'*incubation*, peuvent s'observer quelques poussées de polynucléose, mais inconstantes et passagères. Règle générale, la polynucléose ne s'établit pas définitivement avant l'éclosion des symptômes nerveux (Voy. le graphique 1).

3°) Il n'y a pas de leucocytes anormaux, ni d'hématies nucléées.

4°) On peut faire de bonnes préparations des leucocytes pulmonaires, pendant les 6 heures qui suivent la mort, par une température ambiante moyenne. Le *suc pulmonaire* contient toujours moins de polynucléaires neutrophiles que le sang. Dans ces conditions, la polynucléose peut être décelée dans les poumons des cadavres rabiques. Le poumon du chien normal présente 53 % de polynucléaires ; le poumon du chien rabique en contient 90 %. La polynucléose rabique peut donc se constater *post mortem*.

Ces données peuvent-elles être utiles au *diagnostic de la rage ?* Dans une certaine mesure :

1°) Pendant l'incubation, l'étude des leucocytes ne peut pas servir à dépister la rage.

2°) La recherche de la leucocytose totale ne peut être utile à aucune période.

3°) La rage confirmée (depuis le début des symptômes nerveux) s'accompagne *toujours* de polynucléose notable. *L'absence de polynucléose* doit *faire écarter le* diagnostic de rage. C'est donc un signe négatif, mais de la plus grande valeur.

4°) L'absence de polynucléose, dans le poumon examiné moins de 6 heures après la mort, doit également faire écarter le diagnostic de rage.

5°) Par contre, la présence de la polynucléose *ne peut naturel-
lement pas suffire* à faire porter le diagnostic de rage. D'autres
affections (fait bien connu) s'accompagnent de polynucléose : une
simple suppuration peut engendrer chez le chien hyperleucocytose
et polynucléose.

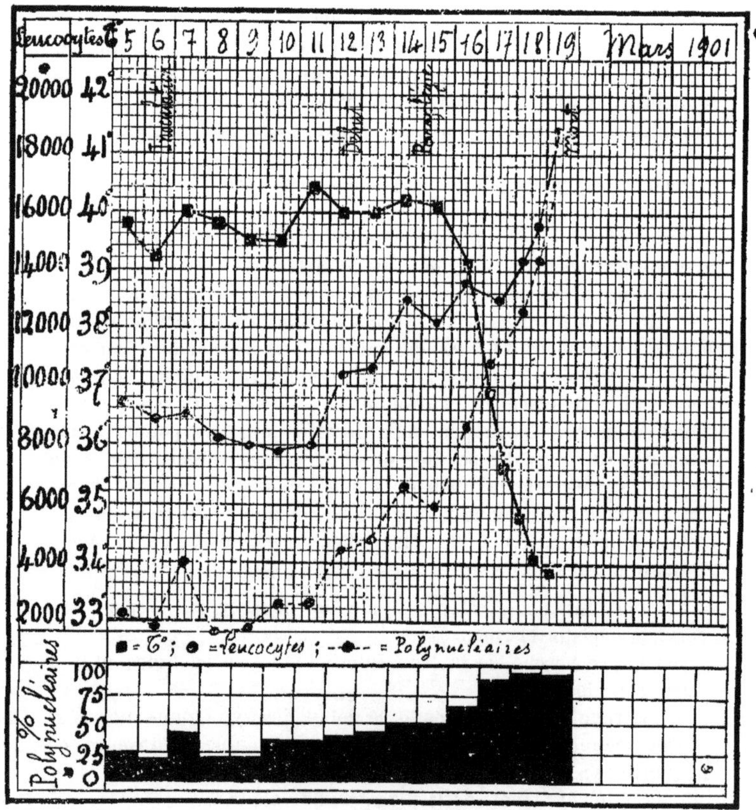

GRAPHIQUE I

Lapin de 588me passage

L'étude comparative de la leucocytose, dans les *différentes affections du chien qui peuvent simuler la rage* chez cet animal, renseignerait les vétérinaires sur la valeur diagnostique positive de la polynucléose du chien.

On trouvera dans ce mémoire, outre le détail de nos nombreuses recherches hématologiques, 6 graphiques donnant à la fois la marche de la température, celle de la leucocytose totale, celle de la polynucléose par millimètre cube, et le pourcentage des polynucléaires.

Depuis sa publication, nos conclusions ont été confirmées en France et à l'étranger (Nicolas, Froment et Dumoulin, etc.).

---

20. — **Remarques sur le polynucléose de la rage humaine** (En collaboration avec M. J. Courmont).

> *Bulletin de la Société Médicale des Hôpitaux de Lyon*, 21 juin, 1904, p. 261.
> *Lyon Médical*, 1904, CIII., p. 45.

La rage humaine, comme celle du chien, s'accompagne toujours de polynucléose ; mais, dans certains cas à marche lente, celle-ci peut n'être que terminale, et ne pas débuter en même temps que les symptômes cliniques.

---

21. — **Cytologie et virulence du liquide céphalo-rachidien chez les rabiques.**

> *Comptes rendus de la Société de Biologie*, 26 novembre 1904, p. 454.

22. — **Le liquide céphalo-rachidien dans la rage clinique et expérimentale ; cytologie, virulence.**

> *Bulletin de la Société Médicale des Hôpitaux de Lyon*, 6 décembre 1904, p. 393.
> *Lyon Médical*, 1904, CIII., p. 1019.

23. — Etude du liquide céphalo-rachidien dans deux cas de rage humaine ; glycosurie rabique (En collaboration avec M. M. FAVRE).

..*Bulletin de la Société Médicale des Hôpitaux de Lyon*, 6 novembre 1906.
Lyon Médical, CVII, 935, 9 décembre 1906.

La virulence du liquide céphalo-rachidien des rabiques est très inconstante : une fois seulement, sur 6 cas humains, nous l'avons trouvée positive.

Nous croyons avoir été le premier à étudier la cytologie céphalo-rachidienne dans la rage, clinique et expérimentale : sur 6 cas humains, sur 3 chiens et 3 lapins, nous l'avons toujours trouvée absolument négative : ce fait peut avoir son importance, pour le diagnostic entre la rage et la myélite ascendante aiguë de Landry.

Accessoirement, dans 2 cas humains sur 8, nous avons constaté la glycosurie, déjà signalée par d'autres auteurs.

Nos conclusions relatives à la *virulence inconstante*, et à la *cytologie négative* du liquide céphalo-rachidien dans la rage, ont été confirmées par MM. J. Courmont et Nicolas.

B. — ÉTUDES ANATOMO-CLINIQUES

24. — A propos de trois cas de rage.

Société Médicale des Hôpitaux de Lyon, 27 juin 1902.
Lyon Médical, 1902, XCIX, p. 18.

25. — Etude anatomique et clinique de trois cas de rage humaine (En collaboration avec M. J. PAVIOT).

Bulletin de la Société Médicale des Hôpitaux de Lyon, 27 juin 1902, p. 677.

26. — Etudes cliniques et anatomiques sur trois cas de rage humaine. — Formes cérébelleuse, sympathique. — Lésions à polynucléaires (En collaboration avec M. J. Paviot).

Journal de Physiologie et de Pathologie générale, 1902, p. 677.

Observations cliniques, examens histologiques très détaillés, avec 2 figures à l'appui, de 3 cas de rage humaine, de variétés symptomatiques différentes, mais à lésions nerveuses toujours diffuses.

Les classiques s'accordent pour décrire deux formes, l'une furieuse, l'autre paralytique, chez l'homme comme chez le chien. Nos faits se rattachent plutôt à 3 types différents par la *prédominance d'un syndrome à la période d'état* : syndrome sympathique chez un homme normal, cérébelleux chez un enfant, cérébral chez un alcoolique. A côté des formes paralytique (ou médullaire) et furieuse (ou cérébrale) de la rage humaine, il existe donc une forme cérébelleuse ; de plus, les symptômes sympathiques peuvent aussi se présenter à l'état d'isolement suffisamment parfait des symptômes psychiques et moteurs, pour permettre de décrire une forme sympathique. En nous plaçant encore au point de vue de *l'explication des symptômes*, nous nous élevons contre la théorie qui veut faire, de la paralysie rabique, une conséquence réflexe de l'anesthésie (Nélis) : la paralysie peut exister sans anesthésie, et s'explique suffisamment par les lésions du système moteur.

Les symptômes de la rage et ses formes cliniques ne nous semblent pas répondre à des localisations spéciales, mais seulement à la prédominance des lésions, lesquelles frappent, mais à des degrés divers d'intensité, *tout le système nerveux central*, ganglions spinaux et sympathiques compris. Nos trois cas confirment la lésion bulbaire dite de Babès et la lésion ganglionnaire de van Gehuchten : mais en même temps, ils montrent la dissémination des lésions rabiques dans tout le système nerveux central, fait déjà vu par Gombault, par M. le professeur Pierret, etc., la possibilité de *tubercules circonscrits*, dans les logettes cellulaires des ganglions (fig. 2), la polynucléose intra-vasculaire, faits qui n'ont pas été décrits avant nous et qui nous ont paru spécifiques.

Une lésion non encore signalée, et qui pourrait orienter les recherches sur l'étiologie de la rage dans un sens nouveau, a été

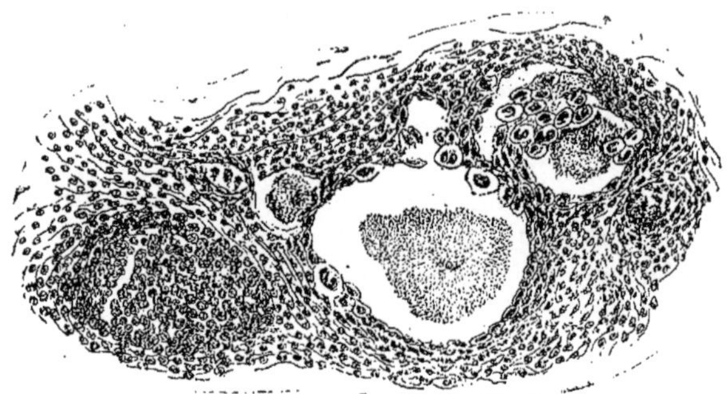

Fig. 2.

Trois cellules du **2ᵐᵉ** ganglion sympathique cervical ;
à gauche, tubercule rabique circonscrit.

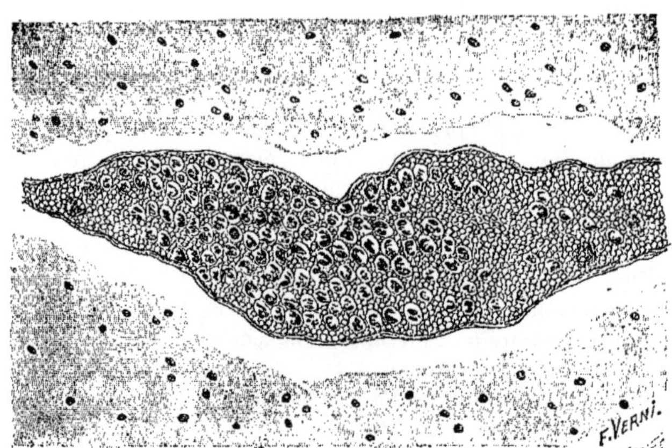

Fig. 3.

Capillaire de la pie-mère cérébelleuse ; au milieu, embolie
de polynucléaires.

observée dans deux de nos cas ; c'est la présence *d'emboles capillaires de polynucléaires* dans les ganglions spinaux et sympathiques (fig. 3), dans la moelle, le cerveau et le cervelet, fait à rapprocher de la formule hématologique que l'un de nous a établie, avec M. le professeur Courmont, pour la rage (polynucléose) ; le *noyau lenticulaire* nous a paru particulièrement touché.

On trouvera à la fin de ce mémoire une bibliographie très complète de la question.

27-28. — **Etudes cliniques sur la rage humaine (syndrôme de Landry, rage curable, rage chronique)** (En collaboration avec M. le professeur J. COURMONT).

> *Bulletin de la Société Médicale des Hôpitaux de Lyon*, 1906.
> *Journal de Physiologie et de Pathologie générale*, VIII, 1906, p. 1047-1055.

Récemment, Remlinger a signalé quelques accidents nerveux curables, dus au traitement pastorien, et revêtant la forme du syndrôme de Landry. La rage elle-même, d'après le même auteur, et pour MM. Brissaud, Sicard et Tanon, peut évoluer sous l'aspect de la paralysie ascendante.

Sous ses formes multiples, nous croyons aussi que la rage passe souvent inaperçue, surtout si l'on admet, ce qui nous semble vraisemblable, d'après nos expériences et d'après la littérature médicale, qu'elle peut guérir dans certains cas exceptionnels.

Nous apportons un fait de syndrôme de Landry dû au traitement pastorien, un fait de myélite transverse et un autre d'hémiplégie rabique développées chez 2 mordus traités, et qui établissent l'existence de la rage chronique, c'est-à-dire guérie par le traitement, mais avec séquelles persistantes. Nous rappelons aussi un nouvel exemple de pseudo-rage hystérique.

Le tableau suivant résume nos idées :

Rage :
- Mortelle. — Formes variées.
- Curable. — Surtout formes paralytiques.
- Chronique. — Myélite transverse, attaque apoplectique, etc.

Accidents pseudo-rabiques : Hystérie.

— 24 —

Accidents du traitement : Surtout myélite ou polynévrite à forme de syndrôme de Landry (passagers, curables).

Et nous nous demandons avec Gamaléia si, en présence d'un rabique, il ne vaut pas mieux, plutôt que de faire un traitement anesthésiant, tenter d'obtenir la guérison en excitant les centres bulbaires.

---

29. — **Forme érotique de la rage humaine ; glycosurie rabique** (En collaboration avec M. BARJON).

> *Bulletin de la Société Médicale des Hôpitaux de Lyon,* janvier 1907.
> *Lyon Médical,* 1907.

Un cas de rage humaine, à forme de délire érotique, rappelant la rage caressante du chien, et accompagné de glycosurie (voy. n° 24), rapproché de ceux publiés ailleurs (voy. n°ˢ 26, 28), nous amène à dresser le tableau suivant :

Rage aiguë :
{ Forme cérébrale : furieuse, érotique, etc.
 — cérébelleuse : ataxochoréique.
 — sympathique.
 — médullaire : paraplégique, à paralysie ascendante, etc.

---

30. — **Formes cliniques, diagnostic, lésions viscérales de la rage.**

> In *Thèse de Giovanni,* Lyon, 1907.

Aux notions précédemment exposées, ce travail ajoutera de nouvelles observations, avec l'étude des lésions viscérales de la rage.

C. — TRAITEMENT

31. — **Le traitement antirabique dans la région lyonnaise en 1900
et 1901** (En collaboration avec M. J. Nicolas).

Journal de Physiologie et de Pathologie générale, 1902,
p. 716-723.

32. — **Le traitement antirabique dans la région lyonnaise (1900,
1901, 1902). (En collaboration avec M. J. Nicolas).

Lyon Médical, 1903, CI., p. 433.

33. — **Le traitement antirabique dans la région lyonnaise en 1902.**
(En collaboration avec M. J. Nicolas).

Journal de Physiologie et de Pathologie générale, 1903,
p. 705-708.

34. — **Le traitement antirabique dans la région lyonaise en 1903.**
(En collaboration avec M. J. Nicolas).

Journal de Physiologie et de Pathologie générale, 1904.
Lyon Médical, 1904, CIII, p. 759.

35. — **Le traitement antirabique dans la région lyonnaise en 1905).**
(En collaboration avec M. J. Nicolas).

Journal de Physiologie et de Pathologie générale, 1905.
Lyon Médical, 31 décembre 1905, CV, p. 1137.

35. — **Le traitement antirabique dans la région lyonnaise en 1904).**
(En collaboration avec M. J. Nicolas).

Journal de Physiologie et de Pathologie générale, 1906,
p. 886 et 1130.
Lyon Médical, 1906, CVII, p. 762.

Résultats des traitements antirabiques poursuivis à l'Institut
bactériologique de Lyon pendant les six premières années de son

fonctionnement. Nos statistiques de mortalité sont établies suivant que la rage de l'animal mordeur a été nettement constatée, ou bien que l'animal mordeur est seulement suspect de rage.

Nous donnons aussi la répartition des personnes traitées suivant leur provenance, leur sexe, leur âge, l'animal mordeur, le genre de contamination, le nombre des morsures, les mois de l'année. Nous publions les observations des cas de rage dont nous avons eu connaissance, et nous comparons nos résultats à ceux de l'Institut Pasteur. Les voici en bloc, pour ces sept premières années :

Années	Personnes traitées	Morts	Mortalité %
1900	614	2	0,32
1901	689	1	0,14
1902	537	1	0,18
1903	673	0	0
1904	893	0	0
1905	944	1	0,10

37. — Essais de sérothérapie antirabique (En collaboration avec M. le professeur S. ARLOING).

Bulletin de la Société Médicale des Hôpitaux de Lyon, 3 novembre 1903.
Lyon Médical, 1903, p. 750.

Les premières tentatives de production de sérum antirabique remontent à 1889 et sont dues à Babès et à ses élèves. Après eux, Tizzoni et Centani ont repris ces recherches par des procédés différents. Ces auteurs auraient obtenu des résultats nettement positifs.

MM. Rodet et Galavielle n'ont abouti, au contraire, qu'à des conclusions négatives.

Nous avons poursuivi nos études d'immunisation chez une chèvre et chez un bouc, en employant des virus de plus en plus actifs, introduits par voie veineuse et par voie sous-cutanée.

Le sérum de la chèvre a présenté une action neutralisante *in vitro* assez nette. Avec le mélange de ce sérum au virus rabique, dans la proportion de 2/1, on constatait la survie de tous les animaux inoculés. Dans la proportion de 1/1, la moitié des animaux survivait, l'autre moitié mourait, mais avec une prolongation de survie très nette. Enfin, dans la proportion de 1/2, la plupart des animaux succombaient dans le laps de temps ordinaire.

Le sérum du bouc a présenté une action neutralisante analogue, mais moindre. L'activité de ce sérum était encore conservée après sept mois

Nos tentatives de destruction du virus *in vivo*, quoique encourageantes dans certains cas (par voie veineuse, par exemple), n'ont cependant que retardé la mort des animaux. Notre sérum ne s'est pas non plus montré curatif.

***

38. — Neutralisation du virus rabique par la bile et par les sels biliaires.

> *Comptes-rendus de la Société de Biologie*, 12 janvier 1907.

Le pouvoir neutralisant de la bile d'animaux enragés vis-à-vis du virus rabique est connu depuis Franzius (1898), Vallée, etc. Galavielle et Aoust ont montré que la bile de lapins normaux est elle-même antivirulente.

Sur le conseil et sous la direction de M. le professeur S. Arloing, nous avons entrepris 6 expériences, portant sur 24 lapins, à l'aide de bile d'homme, de mouton et de chien, et à l'aide de sels biliaires (glycocholate et taurocholate de soude).

Nos *conclusions* sont les suivantes, très résumées : La bile d'animaux normaux ou rabiques est capable de neutraliser *in vitro* le virus rabique. Les sels biliaires, isolés ou associés, possèdent le même pouvoir antivirulent. Les injections de virus neutralisé par la bile ou par ses sels ne possèdent aucune action préventive sur les inoculations ultérieures de virus pur.

***

39. — Article Rage.

> *In* Précis de bactériologie de J. Courmont, 2ᵉ et 3ᵉ édition, 1903 et 1906.

III. — FIÈVRE TYPHOIDE

BACILLE D'EBERTH ET COLIBACILLE

A. — ÉTUDES ANATOMO-CLINIQUES

40-41. — **De la fièvre typhoïde infantile à forme exanthématique :
taches rosées abondantes** (En collaboration avec M. le
professeur E. Weill).

> *Revue mensuelle des Maladies de l'Enfance*, 1900, p. 209
> et 266.
> *Gazette hebdomadaire de Médecine et de Chirurgie*, 1900,
> p. 421.

42. — **De la valeur pronostique des taches rosées lenticulaires.
Forme exanthématique de la fièvre typhoïde infantile.**

> *Thèse de E. Boulin*, Lyon, 1899-1900.

Les opinions les plus contraires ont été soutenues, touchant la
valeur pronostique de l'abondance des taches rosées dans la fièvre
typhoïde. La nôtre est qu'il faut tenir compte, en même temps, de
l'importance des troubles intestinaux. En dehors des cas classiques, nous avons été amené à distinguer des *formes légères* (taches rosées peu nombreuses, symptômes intestinaux peu dévelop-
pés, pronostic bénin), des *formes intenses* (taches rosées abondantes, symptômes intestinaux marqués, pronostic très grave) ;
enfin des *formes purement exanthématiques* (taches rosées très

abondantes, symptômes intestinaux très réduits et fort souvent nuls, pronostic extrêmement bénin).

Ces dernières, que nous nous sommes proposé d'étudier, doivent être réparties en quatre groupes, suivant qu'elles sont *bénignes*, *moyennes*, *graves* en apparence (symptômes nerveux ou albuminurie) ou *à rechutes*. Mais toutes possèdent les caractères principaux que nous avons indiqués : *importance de l'éruption cutanée, réduction des symptômes digestifs, bénignité du pronostic*.

A l'appui de nos assertions, nous publions en détail sept observations choisies comme exemple des principales variétés de la fièvre typhoïde exanthématique. Suivent les résumés de 51 autres cas bénins, moyens, graves ou à rechutes.

Nous donnons enfin, à titre de comparaison, 4 observations détaillées des formes légère, classique ou intense que nous opposons à la forme exanthématique.

Toutes nos observations ayant été relevées à la clinique de médecine infantile de la Charité de Lyon, nous n'avons pas cru devoir étendre nos conclusions au-delà de la fièvre typhoïde de l'enfant.

Nous avons donc conclu seulement que, *dans la fièvre typhoïde infantile* :

1° On peut rencontrer :

a.) Des formes légères où l'exanthème et l'énanthème sont également réduits ;

b.) Des formes intenses où l'on constate un développement simultané des troubles digestifs et de l'éruption cutanée.

2° Parmi les formes d'intensité moyenne, les plus nombreuses, il en est une, la forme exanthématique, caractérisée par :

a.) L'importance de l'éruption des taches rosées;

b.) L'atténuation des symptômes intestinaux ;

c.) La bénignité du pronostic.

3° L'abondance des taches rosées ne constitue un signe pronostique favorable que si elle coïncide avec l'absence ou la réduction des troubles digestifs ; elle garde la même signification même dans les cas en apparence graves.

43. — De la fièvre typhoïde exanthématique chez l'adulte et des exanthèmes chez les typhiques.

Presse Médicale, 22 décembre 1906, p. 825.

Dans ce travail, nous publions 6 observations de fièvre typhoïde exanthématique de l'adulte, et 2 d'exanthèmes typhiques (analogues aux cas de MM. Hutinel et Martin de Gimard, de Remlinger), qui nous conduisent aux conclusions suivantes :

La forme exanthématique de la fièvre typhoïde, décrite chez l'enfant par le professeur Weill et par nous, peut se retrouver chez l'adulte au cours des dothiénentéries d'intensité moyenne, et plus fréquemment chez la femme.

Chez l'adulte, comme chez l'enfant, cette forme est caractérisée par l'importance de l'éruption des taches rosées, l'atténuation des symptômes intestinaux et la bénignité du pronostic.

L'abondance des taches rosées, chez l'adulte comme chez l'enfant, ne constitue un signe pronostique favorable que si elle coïncide avec l'absence ou la réduction des troubles digestifs, et cela même dans les cas en apparence graves et dans les cas à rechute.

Il ne faut pas confondre la fièvre typhoïde exanthématique (taches rosées abondantes) avec les exanthèmes décrits par MM. Hutinel et Martin de Gimard, survenant chez les typhiques (scarlatiniformes, rubéoliformes), ni avec l'association de la dothiénentérie à d'autres fièvres éruptives.

---

44. — De la fièvre typhoïde sans lésions intestinales (En collaboration avec M. F. Barjon).

Province Médicale, 1900, p. 513.

Observation clinique avec tracé de la température et du pouls, suivie d'autopsie au cours de laquelle on est frappé de la réduction extrême des lésions intestinales, opposée à l'évolution classique des symptômes abdominaux. Comparaison avec les cas semblables parvenus à notre connaissance (Chantemesse et Widal, etc.).

Conclusion : La lésion intestinale, quelle que soit sa fréquence, doit être regardée comme contingente ; elle se rencontre le plus habituellement, elle n'est pas nécessaire pour déterminer l'infection typhique. *Fièvre thyphoïde et dothiénentérie* ne sont pas *synonymes*, elles se complètent mutuellement.

---

45. — Septicémie éberthienne à forme d'arthrotyphus chez un ancien typhique.

Société des Sciences Médicales de Lyon, 21 novembre 1900.

46. — Septicémie éberthienne à forme d'arthrotyphus, sans lésions intestinales ni spléniques, avec réaction de Widal positive (En collaboration avec M. F. BARJON).

Journal de Physiologie et de Pathologie générale, 1900, p. 250-265.

Observation clinique avec autopsie, examens bactériologiques et hématologiques, tracés, recueillis dans un cas de fièvre typhoïde récidivée, remarquable au début par des phénomènes articulaires rhumatoïdes, et terminée par la mort au 27° jour, sans qu'il existât de lésions intestinales, mésentériques ou spléniques.

Les réflexions que nous ont suggérées ces faits portent sur les points suivants :

1° *Récidives dans la fièvre typhoïde* : Quoique rares, celles-ci sont possibles, et Remlinger a pu, en 1899, en réunir 35 cas dans la littérature médicale.

2° *Déterminations articulaires de la fièvre typhoïde* : Certaines dothiénentéries débutent par des phénomènes rhumatismaux qui leur ont valu le nom d'arthrotyphus (Robin et Leredde) ; ces phénomènes peuvent d'ailleurs apparaître après les symptômes typhiques.

3° *Présence du bacille d'Eberth dans le sang des typhiques* : On admettait encore à l'époque où nous avons rédigé ce mémoire, que le bacille typhique, fréquent dans le sang de la rate et possible dans celui des taches rosées, était exceptionnel dans la circulation générale.

4° Contingence des lésions intestinales et spléniques dans la fièvre typhoïde : Fièvre typhoïde et dothiénenthérie ne sont pas absolument synonymes, puisque les lésions abdominales ne sont pas nécessaires pour déterminer l'infection éberthienne (voy. un cas semblable personnel n° 44).

5° Valeur de la séro-réaction éberthienne : L'agglutination du bacille d'Eberth par le sérum d'un malade indique chez lui l'existence d'une infection typhique, mais non pas forcément de lésions intestinales — L'étude de la courbe agglutinante peut fournir des indications pronostiques (P. Courmont).

---

47. — **Un nouveau cas d'arthrotyphus.**

Bulletin de la Société Médicale des Hôpitaux de Lyon, 1903, p. 403.
Lyon Médical, 1903, CI, p. 667.

En présence du malade dont nous rapportons l'observation et le tracé thermique, et qui guérit après 36 jours de fièvre, le diagnostic fut successivement : Rhumatisme articulaire aigu, rhumatisme cérébral, fièvre typhoïde (séro-réaction de Widal positive).

Nous rappelons à cette occasion l'historique de la question (voy. n° 46).

Nous nous demandons s'il s'agit, dans ce cas, de simple coïncidence des infections rhumatismale et typhique. Les recherches bactériologiques, expérimentales et cliniques de ces dernières années, sur les pseudo-rhumatismes infectieux, sur la présence du bacille d'Eberth dans le sang (voy. n° 53), nous engagent à croire que les lésions articulaires et intestinales sont sous la dépendance *d'une même cause,* l'infection éberthienne.

---

48. — **Fièvre typhoïde et gangrène pulmonaire** (En collaboration avec M. J. FROMENT).

Bulletin de la Société Médicale des Hôpitaux de Lyon, 3 avril 1906, p. 181.
Lyon Médical, CVI, 22 avril 1906, p. 863.

Observation clinique, avec autopsie et recherches bactériologiques très complètes, d'un cas de fièvre typhoïde, dont vo'ci le résumé :

Cliniquement : Dothiénentérie chez un alcoolique. Albuminurie intense au début. Méningisme. Eschares. Abcès du coude. Congestion, puis broncho-pneumonie, puis gangrène pulmonaire à la base droite.

Anatomiquement : Excavation gangréneuse de la moitié inférieure du poumon droit en arrière ; rares ulcérations des p'aques de Peyer.

Bactériologiquement : Séro-agglutination tardive (35° jour). Bacilles d'Eberth dans le sang au 3° jour, disparus au 37° jour. Dans les crachats et le suc pulmonaire, associations microbiennes, présence de bacilles anaérobies nécrosants. Dans l'abcès du coude, staphylocoques.

A ce propos, réflexions anatomo-cliniques et bactériologiques : la gangrène pulmonaire des typhiques nous apparaîtrait plutôt comme le résultat de la symbiose du bacille d'Eberth, apporté par voie sanguine, avec les anaérobies descendus par voie bronchique. Bibliographie.

———

40. — Note à propos de la réaction des urines typhiques au bleu de méthylène.

> *Bulletin de la Société Médicale des Hôpitaux de Lyon*, 1906, 12 juin, 256.
> *Lyon Médical*, 1906, CVII, p. 191.

La coloration des urines au bleu de méthylène, d'après le procédé de Russo, n'a rien de spécifique ni de constant dans la fièvre typhoïde ; elle résulte uniquement des combinaisons de couleurs qui peuvent se produire dans toute urine suffisamment concentrée.

C'est aussi la conclusion de MM. Cousin, Costa et Gandy.

———

50. — Pleurésie éberthienne au cours de la fièvre typhoïde (En collaboration avec M. F. BARJON).

Société des Sciences Médicales de Lyon, 14 novembre 1906.

Lyon Médical, CVII, 2 décembre 1906, 861-872.

A propos d'un cas de pleurésie non tuberculeuse, survenu au décours d'une fièvre typhoïde, nous avons pu nous livrer à l'examen du sang, des crachats, du liquide pleural : de celui-ci, nous avons étudié la cytologie, la bactériologie, le pouvoir agglutinant et bactéricide. Comparé aux faits semblables publiés antérieurement, le nôtre nous a conduit aux conclusions suivantes :

Les épanchements pleuraux séro-fibrineux ou séro-hématiques, qui se produisent au cours ou au déclin de certaines fièvres typhoïdes, peuvent être dus au bacille d'Eberth ou à une infection secondaire, le plus souvent tuberculeuse.

La détermination de la nature exacte de ces épanchements, exige l'emploi de nombreuses méthodes de laboratoire, souvent renouvelées, en particulier celui des ponctions thoraciques répétées et des inoculations en série dans le péritoine de cobayes.

L'examen clinique présente, dans ces cas douteux, une importance toute particulière : les pleurésies tuberculeuses surviennent plutôt après le 3e septénaire, produisent en général des épanchements plus abondants, et dont la résorption complète se fait attendre davantage.

En dehors de la tuberculose, de nombreuses causes peuvent, quoique plus rarement, expliquer l'apparition de pleurésies chez les typhiques : d'où la variabilité des symptômes cliniques, et des caractères des liquides épanchés.

---

51. — Fièvre typhoïde et tuberculose.

Thèse de Jaubert, Lyon 1906-1907.

Il n'y a pas antagonisme (Arloing). La dothiénentérie est loin d'aggraver toutes les tuberculoses préexistantes, mais la phtisie qui apparaît à l'occasion de la typhoïde est généralement grave (J. Courmont).

Il faut isoler les tuberculeux et les typhiques. Nombreuses observations. Bibliographie.

---

52. — **Formes cliniques de la tuberculose pleuro-pulmonaire posttyphique** (En collaboration avec M. Jaubert (d'Hyères).

Presse Médicale, 1907.

Historique de la question : le plus souvent, la tuberculose n'est qu'apparemment post-typhique.

Tuberculoses *pulmonaires* post-typhiques :

a) Précoces, souvent granuliques, parfois latentes.

b) Tardives : lésions habituelles de phtisie commune.

Pleurésies tuberculeuses post-typhiques :

a) Précoces, généralement abondantes.

b) Tardives : évoluent comme les pleurésies dites *a frigore*.

Importance diagnostique de l'association des méthodes de laboratoire à la recherche des signes cliniques.

Le *pronostic* est d'autant moins grave que l'époque d'apparition est plus tardive.

Conclusion pratique : il faut isoler les typhiques des tuberculeux.

B. — HÉMOCULTURE

53. — **Le bacille d'Eberth dans le sang des typhiques** (En collaboration avec M. le professeur J. Courmont).

Bulletin de la Société Médicale des Hôpitaux de Lyon, novembre 1902, p. 530.
Bulletin de la Société Médicale des Hôpitaux de Paris, 5 décembre 1902, p. 1.065.

54-55. — **Le bacille d'Eberth dans le sang des typhiques. — Applications au diagnostic précoce de la fièvre typhoïde
(2° mémoire) (En collaboration avec M. le professeur
J. COURMONT).**

Congrès du Caire, décembre 1902.
Journal de Physiologie et de Pathologie générale, 1903,
p. 331-340.

56. — **Le bacille d'Eberth dans le sang. Application au diagnostic
précoce de la fièvre typhoïde.**
In *Thèse de Pinal*, Lyon, 1903-1904.

Des 46 observations publiées dans ces mémoires, il résulte que
le bacille d'Eberth existe toujours dans le sang des typhiques adultes atteints des formes classiques ou graves, depuis les premiers
jours de la maladie jusqu'à la fin du troisième septénaire (voy.
graphique II).

Il importe, pour le mettre en relief, de se servir de la méthode
de M. le Professeur J. Courmont, inspirée des observations de
Neufeld, Castellani, Auerbach et Unger, consistant à ensemencer
3 cc. de sang, immédiatement après la prise, dans 3 cc. de bouillon, ou mieux, d'eau peptonée de Cambier : on se met ainsi à
l'abri de l'action bactéricide du sérum.

Le retard observé assez fréquemment dans le développement
des cultures (parfois 5 jours), tient très probablement bien davantage à *l'action empêchante du sérum typhique* ensemencé, qu'au
petit nombre des microbes existant dans le sang. Il n'y a pas de
relation évidente entre le pouvoir agglutinant du sang ou le pronostic de l'affection et la rapidité de végétation des cultures.

La culture du sang est un *procédé de diagnostic précoce*, surtout
précieux dans les cas de séro-réaction retardée.

Ces conclusions confirment celles de M. le Professeur J. Courmont (1901) et sont en désaccord, au contraire, avec celles d'une
revue générale de Burdach.

Elles ont été corroborées par les travaux de M. F. Widal, con-
temporains des nôtres, et montrant, en outre, que le bacille
d'Eberth peut manquer dans le sang au cours des *formes légères*,
fait constaté à nouveau par M. J. Courmont.

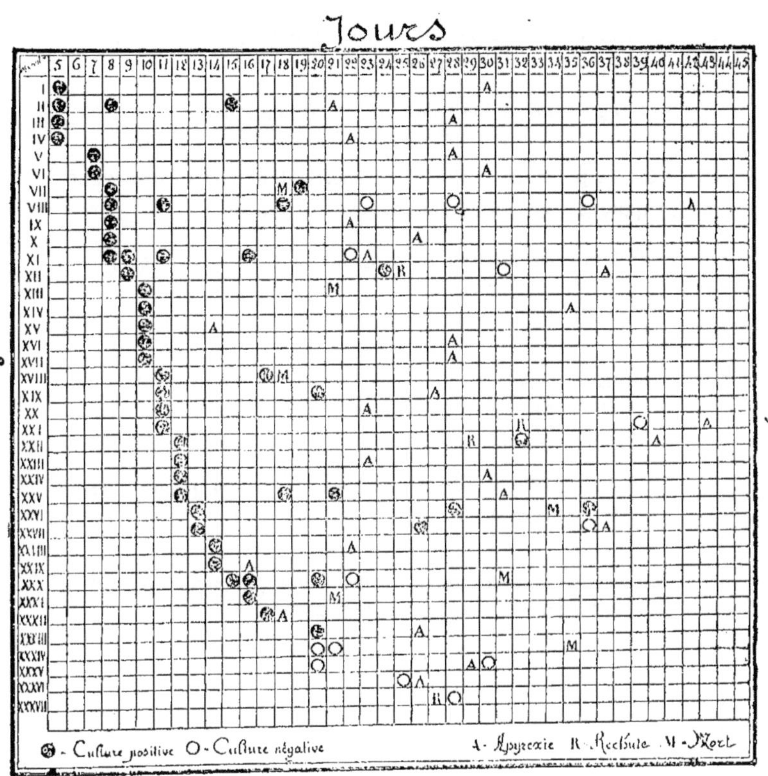

GRAPHIQUE II

C. — ÉBERTHURIE

57. — **Sur la présence du bacille d'Eberth dans l'urine des typhiques.**

Buletin de la Société Médicale des Hôpitaux de Lyon,
1er décembre 1903.
Lyon Médical, 1903, CI. p. 927.

58. — **Dissémination du bacille d'Eberth par l'urine des typhiques. Applications à l'Hygiène coloniale.**

Congrès d'Hygiène coloniale. Paris, mai 1904.

59. — **Sur la présence du bacille d'Eberth dans l'urine des typhiques** (En collaboration avec M. A. MAHAUT).

Bulletin de la Société Médicale des Hôpitaux de Lyon, 8 novembre 1904, p. 325.
Lyon Médical, 1904, CIII, p. 828.

60. — **Der Ebertsche Bazillus im Urin von Typhus-kranken.** Le bacille d'Eberth dans l'urine des typhiques (En collaboration avec M. MAHAUT).

Medizinischen Klinik Wochenschrift für praktische Aerzte. Berlin, 1905, n° 37.

61. — **Le bacille d'Eberth dans l'urine des typhiques. Application à la prophylaxie de la fièvre typhoïde.**

Thèse de A. Mahaut, Lyon, 1904.

62. — **Du rôle des urines typhiques dans la propagation de la fièvre typhoïde.**

Association française pour l'avancement des sciences. Congrès de Lyon 1906. 9ᵉ section : Hygiène et médecine publique. Rapport.

Dès 1881, M. le professeur Bouchard signalait la présence du bacille d'Eberth dans l'urine des typhiques atteints de néphrite avec albuminurie rétractile. La fréquence du même phénomène au cours des dothiénentéries ordinaires, non compliquées, est à l'ordre du jour depuis les récents travaux de Neufeld (1900) et de M. Vincent, de l'Institut Pasteur.

A l'aide d'une technique très précise (centrifugation d'une grande quantité d'urine, culture à 44° en bougie de Cambier), nous avons soumis ces faits à une enquête à la fois expérimentale et clinique.

Expérimentalement, nous avons vu une culture typhique introduite dans la vessie de 3 chiennes, y pulluler, sans cystite, pendant 36 jours.

Bactériurie typhique.

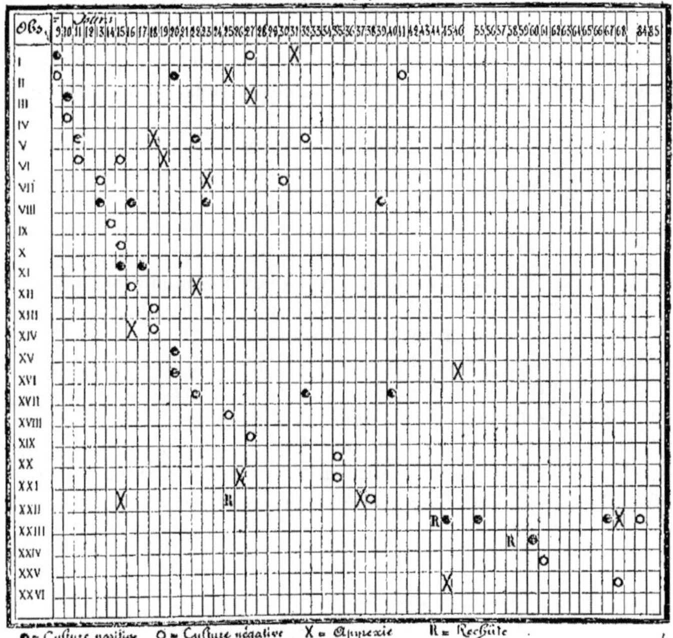

GRAPHIQUE III

Cliniquement, nous avons opéré sur 26 cas, dont 10 avec ensemencements positifs (graphique III). Dans la littérature médicale, nous avons trouvé 358 cas positifs sur 1457 typhiques, soit une fréquence de 24 % pour l'éberthurie.

Nos *conclusions* sont les suivantes :

Le bacille d'Eberth existe dans l'urine *au moins dans un quart des cas* de fièvre typhoïde classique — et de fièvre typhoïde seulement — en l'absence de toute complication rénale ou vésicale.

Le bacille apparaît dans l'urine vers la fin du premier septénaire de la dothiénentérie, parfois avant toute séro-réaction positive, et peut persister plus ou moins longtemps (75 jours dans un cas de rechute, 10 à 15 jours en général) *après l'établissement de l'apyrexie définitive.*

Ce fait ne présente aucun rapport avec la gravité de la maladie, ni avec la présence ou l'absence d'albuminurie. L'ingestion d'urotropine ne nous a pas paru hâter la disparition des bacilles végétant dans la vessie : seuls les lavages antiseptiques vésicaux (permanganate de potasse) se sont montrés capables de produire ce résultat.

Pour empêcher le typhique ou le convalescent de propager la maladie, il faudrait *l'isoler et désinfecter ses urines* au même titre que ses matières fécales, tant qu'elles contiennent le bacille.

Cette période dangereuse de bactériurie pouvant être abrégée par la thérapeutique, l'isolement devrait être maintenu tant qu'elle n'est pas terminée, comme lorsqu'il s'agit de convalescents porteurs de bacilles diphtériques.

Pour préserver les agglomérations contre la fièvre typhoïde, il faut substituer à l'alimentation en eau de source, dont la surveillance est difficile (J Courmont), *l'alimentation en eau artificiellement purifiée à l'arrivée,* et assurer, par la construction d'égoûts, d'après le *système séparatif,* le transport et la destruction chimique de toutes les matières nuisibles.

D. — ISOLEMENT ET AGGLUTINATION DES BACILLES (EBERTH ET COLI)

63. — Le bacille coli est-il agglutiné par le sérum des typhiques ?
(En collaboration avec M. Paul COURMONT).

Presse Médicale, 1900, n° 105, p. 403.

Le sérum des typhiques n'agglutine pas le colibacille. C'est ce qui ressort de nos observations portant sur 28 typhiques : chez

12 d'entre eux, l'agglutination comparée et quantitative a été cherchée jusqu'à 18 fois dans le cours de la maladie. Trois échantillons de coli-bacille ont été employés. Ces résultats sont la confirmation de ceux de M. Widal et de M. P. Courmont (1896), contredits à tort par Stern, Beco et Biberstein.

---

64. — Rapports entre l'agglutinabilité et la mobilité des bacilles d'Eberth.

Journal de Physiologie et de Pathologie générale, 1903, p. 539-546.

On sait que certains bacilles d'Eberth, récemment isolés, sont peu ou pas agglutinables (Chantemesse, J. Courmont, Bancel, etc.), mais peuvent le devenir progressivement par réensemencements répétés (Rodet, J. Courmont et Bancel, etc.). La mobilité de ces bacilles se développant parallèlement, MM. Nicolle et Thenel ont pensé que l'agglutinabilité et la mobilité sont deux propriétés étroitement unies, et toutes deux fonctions de l'enveloppe ciliée des bacilles.

Nos recherches, consignées dans un tableau synoptique, portent sur 3 échantillons dont nous avons tantôt exalté, tantôt atténué la mobilité. Elles tendent à établir, contrairement aux conclusions de MM. Nicolle et Thenel, qu'il n'y a *pas de rapport absolu ou constant entre la mobilité et l'agglutinabilité*.

Tout d'abord, nous avons vu qu'il n'y a pas de rapport absolu ou constant entre la mobilité et l'agglutinabilité *naturelles primitives* du bacille d'Eberth.

Lorsqu'on développe ou accroît artificiellement la mobilité, on voit le plus souvent apparaître ou monter l'agglutinabilité ; mais ce *parallélisme n'est pas parfait*, et peut faire défaut.

Lorsqu'on diminue ou supprime artificiellement la mobilité, on peut voir baisser l'agglutinabilité (influence de l'acide phénique), mais on peut aussi voir l'agglutinabilité demeurer fixe et *même s'accroître* (*réensemencements successifs* avec sélection des bacilles peu mobiles à l'intérieur de bougies filtrantes).

En somme, pas de rapport absolu ou constant entre la mobilité et l'agglutinabilité, soit primitive naturelle, soit artificiellement développée. Les réensemencements successifs paraissent avoir une influence prépondérante sur l'agglutinabilité, même faits dans des conditions où ils ne développent pas la mobilité.

---

65. — Du procédé de Cambier pour l'isolement du bacille d'Eberth. Applications à d'autres espèces.

Bulletin de la Société Médicale des Hôpitaux de Lyon, 6 juin 1902, p. 363.

66. — Du procédé de Cambier pour l'isolement du bacille d'Eberth.

Journal de Physiologie et de Pathologie générale, 1902, p. 672.

M. Cambier (1901) a cherché à utiliser le passage de certains microbes à travers les filtres de porcelaine poreuse pour isoler le bacille d'Eberth des autres microbes des eaux ou des selles. Une culture impure contenant du bacille d'Eberth, placée dans une bougie filtrante, plongeant elle-même dans du bouillon nutritif, ensemencerait ce dernier, autour de la bougie, uniquement de bacille d'Eberth, ce dernier passant à travers les pores de la porcelaine, grâce à sa grande mobilité. *Pratiquement*, le bacille d'Eberth seul pourrait traverser la bougie, et l'ensemencemnt, dans l'intérieur de celle-ci ,du produit de la filtration ou de la centrifugation d'une grande quantité d'eau, donnerait, à l'extérieur de la bougie, une culture pure de bacille d'Eberth, si celui-ci était présent.

Biffi a vite démontré que le coli-bacille passait aussi bien que le bacille d'Eberth. Cambier lui-même a reconnu que le coli-bacille passe à travers la bougie si l'on emploie le bouillon ; il a alors préconisé le milieu suivant, qui entraverait au maximum la culture des autres microbes et favoriserait celle du bacille d'Eberth :

Solution aqueuse à 3 %, de peptone Defresne   1000 cc.

    —   à 1 % de soude caustique   100 »

    —   saturée à froid de NaCl..   100 »

Nous avons repris ces recherches, et voici nos *conclusions* : Le bacille d'Eberth traverse toujours et rapidement les parois des petites bougies Chamberland marque F. Le coli-bacille (même en milieu de Cambier) les traverse aussi le plus souvent et presque dans le même temps ; cependant quelques échantillons ne les traversent pas. Il n'est donc *pas toujours possible* de séparer, à coup sûr, l'une de l'autre, ces deux espèces par la méthode de Cambier.

---

67. — Bacille d'Eberth dans les puits (de Gerland) au cours des épidémies de fièvre typhoïde.

Bulletin de la Société Médicale des Hôpitaux de Lyon, 1903, p. 378.

Ayant l'honneur de suppléer M. J. Courmont dans son service de l'Hôpital St-Pothin, nous avons eu l'occasion d'observer, provenant toutes d'un quartier très restreint de l'agglomération lyonnaise, 2 cas de fièvre typhoïde en 1900, 14, dont un mortel, en 1902, 6 en 1903.

A l'aide d'une technique spéciale (voy. n° 66), nous avons analysé les 17 puits correspondants, et avons décelé le bacille d'Eberth dans 7 d'entre eux.

C'est seulement depuis les récents travaux permettant d'isoler et de différencier à coup sûr l'Eberth du coli-bacille, que l'on sait découvrir rapidement les eaux typhogènes.

Nous insistons sur les difficultés pratiques que rencontre l'hygiéniste lorsqu'il veut faire condamner les puits dangereux.

---

68. — Recherche du bacille d'Eberth dans les eaux de boisson.

Thèse de Gézès, Lyon 1902-1903.

Etude critique, avec de nombreux exemples personnels, des différentes méthodes, et, en particulier, des plus récentes, proposées pour l'isolement rapide du bacille typhique et sa différenciation certaine d'avec le coli-bacille.

Nous adoptons une *méthode mixte*, faite de la combinaison de ces procédés.

1°) Concentration préalable de 2 à 3 litres d'eau par filtration sur grande bougie Chamberland.

2°) Ensemencement du résidu recueilli par raclage de la surface filtrante, à l'intérieur de petites bougies poreuses plongeant en milieu de Cambier et placées à 44,5 (voy. n° 66).

3°) Réensemencement de la culture extérieure à ces bougies, dès qu'elle paraît positive, en milieux lactosés et en milieux au neutralroth.

4°) Essai d'agglutination des bacilles isolés, par un sérum de typhique ou d'animal immunisé.

---

69. — Isolement du bacille typhique par les milieux au vert malachite (En collaboration avec M. de Fossey).

> *Congrès de l'Association française pour l'avancement des sciences*, Lyon 1906. Section d'Hygiène et Médecine publique.

En milieux solides comme en milieux liquides, la quantité de vert malachite (substance proposée par Loeffler) à employer pour empêcher la végétation du coli et permettre celle de l'Eberth est de 2 cc. 5 à 3 cc. d'une solution à 2 % pour 100 cc. de gélose ou de bouillon.

En milieux solides, le vert malachite paraît être un bon moyen de différenciation du coli-bacille et du bacille d'Eberth.

En milieux liquides, le vert malachite convient surtout aux cas douteux, pour différencier les paratyphiques, le bacillus enteritidis de Gärtner, par exemple.

Ces conclusions se rapportent uniquement à des microbes de laboratoire.

IV.   TUBERCULOSE. PLEURESIES

A. — RECHERCHES BACTÉRIOLOGIQUES ET EXPÉRIMENTALES

70. — **Coloration du bacille de Koch.**

Société des Sciences Médicales de Lyon, 8 décembre 1898.

71. — **Sur un nouveau procédé de coloration du bacille de la tuberculose (procédé d'Hauser).**

Province Médicale, 1899, p. 1.

Le temps délicat du procédé classique de Ziehl (fuschine phéniquée) est la décoloration (acide sulfurique au 1/4). Il faut décolorer suffisamment pour que, seuls, les bacilles tuberculeux restent colorés : il ne faut pas aller jusqu'à décolorer ceux-ci. Le procédé d'Hauser (1898) remédie à cet inconvénient.

On opère comme pour le procédé de Ziehl : seule la solution décolorante est changée. Un acide *organique* (l'acide lactique en solution alcoolique à 3/100 nous a paru *préférable*) est substitué à l'acide minéral. Il décolore en dissolvant, et non plus en substituant un sel triacide incolore au sel mono-acide très coloré. On a ainsi un temps beaucoup plus long entre la décoloration suffisante (quelques secondes) et la décoloration trop prononcée (on peut prolonger le contact pendant 1/2 heure).

C'est donc un procédé essentiellement *pratique*, recommandé depuis nous par Lafforgue.

72. — Effets de l'ingestion de crachats tuberculeux humains chez les poissons (En collaboration avec M. J. NICOLAS).

Comptes rendus de la Société de Biologie, 1899, p. 774.
Province Médicale, 1899, p. 483.

Le bacille de Koch d'origine humaine, introduit par ingestion dans l'organisme des poissons (cyprins), se dissémine dans l'économie sans déterminer de lésions macroscopiques. Il y reste vivant et virulent pendant un certain temps, puisqu'il a été retrouvé actif et capable de tuberculiser le cobaye, même chez des poissons qui, depuis un mois, n'avaient plus ingéré de crachats tuberculeux.

Cette infection tuberculeuse diffuse est capable de tuer les poissons, mais nous n'avons jamais constaté de lésions macroscopiques ou microscopiques, tubercule ou tumeur, comme M. Dubard avait vu s'en développer spontanément sur ses carpes de Velars. Cet auteur, à la suite de nouvelles expériences, est revenu d'ailleurs sur ses premières affirmations.

---

73. — Cultures de bacilles tuberculeux sur milieux Lumière (En collaboration avec M. L. LACOMME).

Congrès de l'Association française pour l'avancement des sciences, Lyon, 1906, section d'hygiène et médecine publique.

MM. Lumière ont recommandé récemment l'usage de fragments d'organes glycérinés (foie, rate), pour la culture de bacilles de la tuberculose. Nous avons confirmé leurs conclusions, établissant la supériorité de ces milieux sur les milieux usuels (pommes de terre, etc)., au point de vue de l'abondance et de la rapidité de la végétation. Les cultures sur rate nous ont donné les meilleurs résultats, qu'elles proviennent d'animaux ou d'homme, tuberculeux ou non. Nous avons étendu nos conclusions aux bacilles tuberculeux humain, bovin, aviaire, homogène, chromogène, etc.

---

74. —. Production de substances hyperthermisantes spécifiques
par action d'un sérum bactériolytique sur des bacilles
tuberculeux homogènes (En collaboration avec M. de
FOSSEY).

Bulletin de la Société Médicale des Hôpitaux de Lyon,
18 décembre 1906.
Lyon Médical, 1907.

Le sérum de chèvre inoculée pendant plusieurs mois sous la peau
à l'aide de cultures homogènes de bacilles tuberculeux (B. d'Arloing), nous a paru rendre le sérum de cette chèvre bactériolytique
pour ces bacilles.

La bactériolyse ainsi produite met en liberté des produits hyperthermisants pour les animaux tuberculeux, inactifs pour les animaux normaux ou ayant réagi une première fois, donc analogues
à la tuberculine.

---

75. — Production de substances hyperthermisantes spécifiques par
l'électrolyse de cultures homogènes de bacilles tuberculeux. Bactériolyse par la soude (En collaboration avec
M. CHANOZ et M. de FOSSEY).

Bulletin de la Société Médicale des Hôpitaux de Lyon,
7 janvier 1907.
Lyon Médical, 1907.

Le passage du courant continu à travers des cultures homogènes
de bacilles tuberculeux nous a paru mettre en liberté, mais au
pôle négatif seulement, des produits hyperthermisants pour les
animaux tuberculeux, et inactif pour les animaux normaux ou
ayant réagi une première fois. Ces produits, que détruit la chaleur, nous ont semblés liés à la bactériolyse, due peut-être elle-
même à la formation de soude au pôle négatif.

B. — ÉTUDES ANATOMO-CLINIQUES

76. — A propos des pleurésies séro-fibrineuses dites d'origine traumatique (En collaboration avec M. F. BARJON).

Lyon Médical, 1901, T. XCXVI, p. 647.

77. — Tuberculose traumatique de la plèvre.

Thèse de Hugues, Lyon 1901-1902, n° 2.

La pathogénie exacte des pleurésies consécutives aux traumatismes, leurs rapports avec la tuberculose sont des questions remises à l'ordre du jour récemment, en particulier par M. Chauffard (voy. Herbert, thèse de Paris, 1896). Nous en avons publié deux cas, dont l'un avec autopsie confirmative, dans lesquels l'évolution clinique et les recherches bactériologiques nous ont permis de conclure à la *nature nettement tuberculeuse de l'épanchement*.

Dans les cas de ce genre, le traumatisme n'est souvent qu'une cause déterminante accidentelle : pour qu'il agisse d'une façon positive, il faut, de toute nécessité, qu'il se produise sur un organisme déjà en puissance d'infection tuberculeuse. Nos malades étaient des tuberculeux latents.

Il faut donc se défier de la pleurésie traumatique comme de la pleurésie dite *a frigore*. Dans l'une comme dans l'autre il s'agit le plus souvent d'une manifestation spécifique, et l'aphorisme de M. le professeur Landouzy se trouve une fois de plus vérifié : « Pleurésie est monnaie de tuberculose ».

---

78. — Un cas d'érythème induré de nature tuberculeuse.

In. M. Carle, *Lyon Médical*, 1901, et *Thèse de G. Nazlamoff*, Lyon, 1900-1901, n° 34.

Inoculation à des cobayes des nodosités excisées, développement de la tuberculose chez ces animaux : c'est une confirmation des idées actuellement admises sur la nature de l'érythème induré.

79. — Un cas de dacryocystite tuberculeuse.

> *In* E. Rollet, *Province Médicale*, 1900, et *Thèse de F. Vincent*, Lyon 1899-1900, n° 180.

Inoculation à des cobayes des fongosités raclées au niveau d'un sac lacrymal atteint d'inflammation chronique. Développement de la tuberculose chez ces animaux.

---

80. — Lymphadénie tuberculeuse chez l'enfant : Un cas de tuberculose adéno-splénique (En collaboration avec M. le professeur E. WEILL).

> *Archives de médecine des enfants*, 1907.

A propos d'un cas de tuberculose pseudo-lymphadénique chez une fillette de 13 ans, dont nous rapportons l'observation clinique avec 3 tracés thermiques, recherches histologiques et bactériologiques (laboratoire du professeur Arloing), nous étudions comparativement les faits semblables antérieurs aux nôtres (Sabrazès et Duclion, Berger et Bezançon, P. Courmont, Tixier et Bonnet, etc).

Nous arrivons aux *conclusions* suivantes :

1° La tuberculose peut déterminer chez l'homme des adénopathies chroniques généralisées, revêtant l'aspect clinique des tumeurs lymphadéniques (lymphômes tuberculeux) ;

2° Cette pseudo-lymphadénie tuberculeuse peut s'accompagner de splénomégalie, d'hépatomégalie, d'anémie (pseudo-lymphadénie aleucémique) ;

3° L'évolution *clinique* peut être fébrile, affectant le type continu, le type intermittent, le type inverse ;

4° *Histologiquement*, l'adénie tuberculeuse diffère surtout de l'adénite tuberculeuse par la prédominance des lésions scléreuses et par l'absence ou le faible degré de la caséification ;

5° Les bacilles de Koch isolés de lymphômes tuberculeux peuvent se montrer adaptés au tissu lymphoïde, au point de produire chez le cobaye une tuberculose à marche lente, presque exclusivement ganglionnaire, véritable lymphadénie tuberculeuse *expérimentale*.

4

C. — BACTÉRIOSCOPIE DU SANG · PROCÉDÉ
DE LA SANGSUE

81. — Recherche directe des microbes dans le sang. Procédé de la sangsue.

Bulletin de la Société médicale des Hôpitaux de Paris,
15 juillet 1904, p. 827.

82. — Recherche directe des microbes dans le sang du bacille de Koch en particulier), par le procédé de la sangsue.
Journal de Physiologie et de Pathologie générale, 1904,
p. 875-883.

La difficulté que présente la recherche des microbes par l'examen direct du sang résulte de la coagulation, qui emprisonne les éléments microbiens, d'ailleurs peu nombreux. Pour dissoudre le caillot, Bezançon, Griffon et Philibert ont proposé la méthode de l'homogénisation, et Jousset celle de l'inoscopie.

Après avoir fait l'étude critique de ces méthodes à propos de 5 cas, nous avons eu l'idée de rendre le sang incoagulable en le recueillant par l'intermédiaire de sangsues. Nous avons appliqué ce procédé à la recherche de nombreux microbes, chez l'animal et chez l'homme, et du bacille de Koch en particulier.

Voici nos *conclusions* :

On peut aisément, au cours des septicémies expérimentales ou cliniques, colorer directement les microbes pathogènes, dans le sang recueilli incoagulable au moyen de sangsues et centrifugé.

La flore bactérienne du tube digestif de la sangsue à jeun n'est pas de nature à gêner pratiquement l'application de cette méthode, qui rend inutiles l'homogénisation et la digestion du caillot.

Expérimentalement, on obtient ainsi des résultats positifs toutes les fois que le sang contient une quantité suffisante de microbes ; ceux-ci sont concentrés, sur les préparations, dans la proportion de 1 à 5 au minimum.

Pour retrouver les microbes introduits dans la circulation générale, il faut agir relativement vite, car ils ne tardent pas à disparaître (le bacille tuberculeux en un quart d'heure).

Ce procédé permet, en particulier, de déceler le bacille de Koch dans le sang, lorsqu'il s'y trouve ; mais le fait est trop rare, en *clinique*, pour qu'on puisse tenir compte des cas négatifs, et faire de cette recherche un élément courant de diagnostic, quelle que soit, d'ailleurs, la méthode employée (homogénisation, inoscopie ou *procédé de la sangsue*).

---

83. — Bacilles de Koch dans le sang.

> *Bulletin de la Société médicale des Hôpitaux de Lyon*, 4 avril 1905, p. 149.
> *Lyon Médical*, 1905, CIV, p. 879.

La bacillémie tuberculeuse et ses conséquences, soit en expérimentation, soit au cours de la phtisie chronique, sont des phénomènes éminemment *transitoires*.

La constatation du bacille de Koch dans le sang est rare en dehors de la granulie, même par le *procédé de la sangsue*, qui, pourtant, supprime les causes d'erreur possibles.

L'examen direct du sang n'est donc pas une méthode de choix : elle n'est utile au diagnostic que si elle est *positive*, c'est-à-dire dans un très petit nombre de cas : 30 malades, 6 cas positifs (ulcérations intestinales, poussées fébriles).

---

84. — Bacilles de Koch dans le sang. Nouvelle méthode de recherche des microbes dans le sang (procédé de la sangsue).

> *Thèse de A. Gary*, Lyon, 1904-1905, n° 105.

3 méthodes : homogénisation, inoscopie, sangsue.

Celle-ci n'altère aucunement les éléments microbiens, et n'est pas de nature à gêner la recherche. Sa valeur est établie par comparaison avec les sujets sains ou porteurs d'infections diverses.

Le bacille de Koch introduit expérimentalement dans le sang disparaît en 1/4 d'heure. Avec le procédé de la sangsue, nous avons obtenu des résultats positifs dans 28 % de nos cas ; nous en avons eu dans 14 % par homogénisation, dans 21 % par inoscopie.

Nous avons cru saisir un rapport entre la bacillémie tuberculeuse transitoire, les ulcérations intestinales et certaines poussées fébriles.

Applications au diagnostic. Nombreuses observations et expériences, 8 tracés thermiques, bibliographie complète.

85-86. — Recherche du bacille de Koch dans le sang de l'enfant, par le procédé de la sangsue (En collaboration avec M. le professeur WEILL et avec M. G. MOURIQUAND).

Congrès de l'Association Française pour l'avancement des Sciences, Lyon, août 1906. Section des Sciences Médicales. *Journal de Physiologie et Pathologie générale*, VIII, 1906, p. 1071-1076.

87. — Contribution au diagnostic de la broncho-pneumonie tuberculeuse infantile.

In *Thèse de G. Mouriquand*, Lyon 1906.

Seize observations de tuberculose infantile, cavitaire, broncho-pneumonique, méningée, intestinale, articulaire, etc., nous ont conduit aux *conclusions* suivantes, qui laissent à la clinique le premier rang pour le diagnostic de la broncho-pneumonie tuberculeuse chez les enfants :

L'apposition de sangsues « en fontaine » constitue un procédé facile de se procurer du sang incoagulable, pour y rechercher des microbes par l'examen direct.

Ce procédé ne révèle l'existence du bacille de Koch dans le sang que d'une façon assez rare (2 fois sur 16) au cours de la tuberculose infantile.

Les cas où cette recherche nous a paru positive sont des cas de méningite tuberculeuse (granulie).

Les résultats confirment ceux que nous avions déjà obtenus chez l'adulte.

L'ensemble de nos recherches sur la présence du bacille de Koch dans le sang nous a valu une mention très honorable de l'Académie de Médecine en 1906 (concours du prix Audiffred).

D. — PROPHYLAXIE ET THÉRAPEUTIQUE

88. — **Pouvoirs publics et tuberculose. Considérations générales et sur quelques interventions.**

Thèse de L. Christine, Lyon 1903-1904, n° 85.

L'intervention des pouvoirs publics est rationnelle, mais doit être subordonnée à certaines conditions.
Évolution historique et exemples de cette intervention.
Lois, mesures d'hygiène s'adressant au terrain tuberculeux.
Moyens légaux, mesures administratives contre la contagion.
Bibliographie.

---

89. — **Essais de traitement de la tuberculose expérimentale du cobaye par le formiate de soude** (En collaboration avec M. A. LEGRAND).

Bulletin de la Société Médicale des Hôpitaux de Lyon, 1906, 12 juin, p. 254.
Lyon Médical, 1906, CVII, p. 189.

Résultats à peu près entièrement négatifs, au cours de 3 expériences portant chacune sur plusieurs animaux.

---

90. — **Le dispensaire antituberculeux de Lyon. Etude d'organisation pouvant se réaliser dans toutes les grandes villes** (Rapport, en collaboration avec MM. Ch. ANDRÉ et M. FAVRE).

> *Association française pour l'avancement des sciences, Congrès de Lyon*, 1906, 19e section : hygiène et médecine publique.

Ce rapport expose l'organisation du dispensaire antituberculeux, type Calmette, fondé à Lyon en 1905, par MM. les professeurs Arloing et J. Courmont. Le but poursuivi est surtout l'hygiène du tuberculeux et de son entourage.

Après une description des locaux (hydrothérapie, lingerie, etc.) et une énumération du personnel (médecins, enquêteurs), nous montrons le fonctionnement de cet organisme, assurant l'assistance de tous les tuberculeux envoyés par le Bureau de Bienfaisance de Lyon et de la commune de Villeurbanne. Le budget mensuel est de 2.500 francs. Grâce à ses 8.000 francs de subvention, le Bureau de Bienfaisance de Lyon permet à ses assistés tuberculeux de bénéficier de 30.000 fr. de secours.

Organiser ainsi la lutte antituberculeuse dans toutes les familles tuberculeuses indigentes d'une ville de 500.000 habitants et d'une autre de plus de 30.000, pour 30.000 fr. par an, c'est faire de l'hygiène sociale à bon marché.

---

91. — **Essais de sérothérapie antituberculeuse et antituberculineuse** (En collaboration avec M. A. de FOSSEY).

> *Bulletin de la Société Médicale des Hôpitaux de Lyon*, 1907.
> *Lyon Médical*, 1907.

92. — **Sérothérapie antituberculeuse.**

> *Thèse de A. Mathieu de Fossey*, Lyon 1907.

Revue générale. Expériences personnelles.

V. — RHUMATISME. ENDOCARDITES

93. — **Microbe d'Achalme et Thiroloix dans le sang d'un malade atteint de rhumatisme cérébral.**

Société des Sciences Médicales de Lyon, 19 juillet 1899.
Province Médicale, 1899, p. 343.

94. — **Contribution à la bactériologie du rhumatisme articulaire aigu. — Nouvelles recherches sur le bacille d'Achalme-Thiroloix, retrouvé dans un cas de rhumatisme cérébral** (En collaboration avec M. A. Pic).

Journal de Physiologie et de Pathologie générale, 1899, p. 1007-1019.

A propos d'une malade dont nous donnons l'observation détaillée, nous faisons l'historique de la question de la bactériologie du rhumatisme articulaire aigu. Nous publions ensuite, avec deux figures à l'appui, les longues recherches que nous avons faites sur les *caractères macroscopiques* des cultures du bacille d'Achalme-Thiroloix retrouvé par nous, sur ses *caractères microscopiques*, sur les résultats de son *inoculation à l'animal* (péricardite), sur ses *produits solubles* (plutôt vaccinants), sur son *agglutination* par le sérum des rhumatisants (négative en somme).

Notre bacille peu mobile, anaérobie strict, prenant des formes d'involution, gardant le Gram, ne poussant pas sur gélatine, pathogène pour le lapin, le cobaye et la souris, est bien celui qu'ont vu MM. Achalme et Thiroloix (fig. 4). Mérite-t-il le nom de bacille du rhumatisme ? Nous l'avons recherché en vain dans sept autres cas, et on sait que MM. Tribulet et Coyon lui attribuent seulement les formes graves ou compliquées, rattachant les cas simples à un diplocoque spécial.

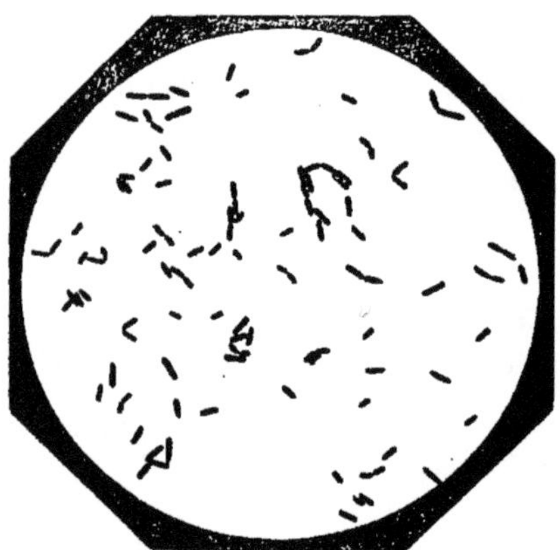

Fig. 4.

95. — Article **Rhumatisme** (*In* Précis de Bactériologie de J. Courmont). 2° et 3° édition, 1903 et 1906.

---

96. — **Contribution à l'étude des troubles cardiaques dans la gonococcie généralisée. — Endocardite végétante à marche rapide par infection secondaire à streptocoques au cours d'une blennorrhagie (En collaboration avec M. J. Charvet).**

Province Médicale, 1900, p. 195 et 205.

Blennorrhagie aiguë, remontant à un mois, gonocoques dans le pus uréthral. Etat infectieux avec fièvre élevée sans symptômes nets pendant quinze jours. Apparition de signes d'insuffisance aortique, puis de rétrécissement mitral, streptocoques dans le sang. Hémiparésie gauche avec hémianesthésie transitoire. Mort avec état typhique très accusé.

Autopsie : Endocardite végétante des valvules aortiques prédominant sur la valve interne. Poussée d'endocardite légère et récente sur la grande valve mitrale. Hypertrophie du cœur. Gros foyer de ramollissement dans l'hémisphère droit s'étendant jusque dans le lobe occipital.

Histoire des troubles cardiaques dans la blennorrhagie : tantôt on a trouvé le streptocoque ou le staphylocoque, tantôt le gonocoque lui-même dans le sang et les complications cardiaques. Le cœur droit est touché avec une fréquence de 25 % dans les observations des auteurs ; la forme ulcéreuse est la plus fréquente.

97-98. — **Méningite cérébro-spinale au cours d'une endocardite infectieuse pneumoccocique. — Endocardite expérimentale** (En collaboration avec M. E. JOSSERAND).

Société des Sciences Médicales de Lyon, 6 et 13 mars 1901. *Province Médicale*, 1901, p. 119 et 130.

99. — **Endocardite infectieuse subaiguë à pneumocoques, terminée par méningite cérébro-spinale. — Reproduction expérimentale de l'endocardite.**

Journal de Physiologie et de Pathologie générale, 1903, p. 1.114-1.122.

Observation clinique détaillée, avec autopsie, recherches bactériologiques et expérimentales, d'un cas d'endocardite végétante mitrale à pneumocoques, ayant évolué en sept mois et terminée par méningite cérébro-spinale ; la culture des pneumocoques retirés du pus méningé, inoculée en série sous la peau de deux lapins, a reproduit chez eux l'endocardite mitrale végétante.

Les réflexions que nous ont suggérées ces faits portent sur les points suivants :

1° *Coexistence de l'endocardite infectieuse et de la méningite cérébro-spinale :* Cette coexistence est loin de constituer un fait exceptionnel (Jaccoud). Mais, dans la plupart des cas signalés, la séreuse méningée paraît avoir été touchée la première ; dans le nôtre, l'agent pathogène est parti de l'endocarde pour aller infecter secondairement les méninges.

2°) *Le pneumocoque dans l'endocardite infectieuse et dans la méningite cérébro-spinale :* L'endocardite infectieuse pneumococcique est bien connue depuis Jaccoud : un de ses caractères importants, c'est la lenteur parfois remarquable de son évolution. La présence du pneumocoque dans la méningite cérébro-spinale sporadique est également admise comme assez fréquente, par opposition à ce qu'on observe dans les cas épidémiques, dus au méningocoque le plus souvent ; l'une et l'autre peuvent s'accompagner d'herpès labial et la bactériologie seule peut trancher le diagnostic de nature.

3°) *Endocardite expérimentale :* Son histoire a traversé plusieurs phases : les premiers cas positifs furent obtenus par greffes directes de matières septiques sur les valvules du cœur ; puis, par injections intra-veineuses avec traumatisme valvulaire (Perret et Rodet) ; enfin, par injections intra-veineuses sans traumatisme valvulaire (Gilbert et Lion, Roux et Josserand). Nos résultats sont plus démonstratifs encore pour deux raisons : 1° nos cultures étaient inoculées *sous la peau*, et cependant le microbe est allé se localiser sur les valvules cardiaques ; 2° elles provenaient non des végétations valvulaires, mais des *plaques purulentes méningées* qui les compliquaient, et pourtant c'est la lésion cardiaque primitive qu'elles ont reproduite sur le lapin.

A ce propos, nous avons été conduit à quelques considérations sur l'*adaptation des micro-organismes* aux milieux naturels auxquels ils sont empruntés. Notre pneumocoque semblait avoir acquis, en passant par l'endocarde humain, une *ténacité à faire de l'endocardite*, prouvant qu'un microbe à tout faire peut adapter ses affinités de telle façon à un tissu déterminé, qu'il prenne les caractères d'un agent pathogène spécifique.

---

100. — L'Endocardite infectieuse à évolution lente et prolongée avec quatre observations personnelles (En collaboration avec MM. F. Leclerc et G. Mouriquand).

Lyon Médical, CVII, 23 décembre 1906, p. 1.017-1.043.

L'endocardite infectieuse à évolution lente et prolongée ne paraît pas avoir de symptômes pathognomiques permettant de la diagnos-

liquer à coup sûr. Cependant, certains signes se rencontrant cons-
tamment dans nos observations et dans celles des auteurs permettant d'asseoir le diagnostic avec quasi-certitude.

Les *symptômes cardiaques* ne paraissent pas avoir la valeur
que leur attribuent les classiques. On constate à l'auscultation des
signes d'endocardite ancienne, les lésions récentes modifiant peu
la séméiologie. A la notion classique de la grande variabilité des
symptômes, nous serions tentés de substituer celle de leur presque invariabilité.

La discordance du pouls et de la température (le pouls étant
rapide et la température peu élevée) est un signe de grande valeur.
Il permet, dans la *phase typhique* présentée par quelques malades, de rejeter le diagnostic de dothiénentérie.

Des *taches purpuriques* font partie du cortège habituel de l'endocardite infectieuse chronique.

L'hypertrophie de la rate peut être considérée comme un des
signes les plus invariables. Généralement manifeste, elle constitue
un symptôme de première importance. Sa constatation chez un
sujet infecté à température oscillante, avec pouls rapide, avec des
lésions cardiaques, peut être considérée comme devant presque
toujours entraîner le diagnostic. La présence habituelle d'infarctus
splénique n'est même pas nécessaire pour amener cette hypertrophie, l'endocardite infectieuse étant une des maladies les plus
infectantes.

La présence d'un disque épais *d'albumine* est un bon signe
secondaire.

Les signes tirés de l'*état général* n'ont pas moins de valeur.
L'asthénie précoce, l'anémie rapide, l'amaigrissement aboutissant
rapidement à une cachexie profonde, évoluant au milieu de poussées fébriles et d'œdèmes parfois énormes et sans tendance à la
rétrocession, impriment un caractère particulier à la maladie. Il
est pourtant des affections qui peuvent s'accompagner d'habitus
analogues.

L'anémie pernicieuse progressive ou la chlorose grave peuvent
simuler ce tableau. L'état général y est profondément atteint, les
œdèmes, le purpura fréquents, mais les lésions cardiaques manquent, le pouls n'est pas dissocié avec la température, la rate est
moins grosse, la courbe thermique n'est pas généralement celle
d'une grande infection. L'hématologie de la maladie de Biermer

est bien établie, quoiqu'on puisse trouver dans l'endocardite des formules hématologiques qui la rappellent.

La *leucémie*, à marche rapide, par l'anémie intense qu'elle entraîne, avec son cortège de troubles vasculaires, d'hémorragies, son allure fébrile, l'hypertrophie fréquente de la rate, peut en imposer : mais, dans cette affection, nous aurons une formule hématologique définie (mononucléose ou lymphocytose généralement abondante), tandis que la tendance à la polynucléose est surtout manifeste dans l'endocardite.

Les signes cardio-vasculaires viendront aussi éclairer le diagnostic.

Certains *néoplasmes* peuvent entraîner un état général voisin de celui de l'endocardite infectieuse, avec œdème, cachexie, poussées fébriles même. Mais les lésions cardiaques manquent, les troubles vasculaires sont peu marqués ou nuls, la rate n'est pas grosse. La constatation de la tumeur tranchera la question.

La *bactériologie*, vu sa variablité, a plutôt une importance pathogénique. Elle peut cependant parfois faire redouter l'apparition de complications méningées (méningococcie, pneumococcie).

Ces réflexions sont basées sur l'étude de 4 observations personnelles, avec recherches hématologiques ; 3 d'entre elles ont été suivies d'autopsie ; dans les 3 cas étudiés bactériologiquement, le staphylocoque, le tétragène, le pneumocoque ont été rencontrés. Bibliographie.

VI. -- STAPHYLOCOCCIE

---

101. — Sur l'agglutination du staphylococcus aureus par le sérum d'animaux vaccinés et infectés (En collaboration avec M. J. Nicolas).

Comptes-rendus de la Société de Biologie, 1901, p. 87.
Province Médicale, 1901, p. 473.

Le sérum de chèvre vaccinée par des injections sous-cutanées de cultures de *staphylococcus aureus* agglutine nettement, de 1 pour 20 à 1 pour 50, des cultures en bouillon du même échantillon de staphylocoque. L'agglutination est visible à l'œil nu et au microscope.

La culture en présence se fait sous forme de grumeaux avec limpidité du milieu jusqu'à 1 %. Le sérum de chèvre normale est sans action. Nous avons essayé d'agglutiner trois autres échantillons de staphylocoque. L'un a présenté une agglutination assez nette, les deux autres n'ont pas été agglutinés, fait à rapprocher de ce qu'on obtient pour le bacille de Lœffler.

Le sérum de cobayes ou lapins infectés mortellement avec du staphylocoque n'a provoqué à aucun moment l'agglutination.

---

102. — Etudes sur le pouvoir bactéricide et atténuant pour le staphylocoque pyogène du sérum d'une chèvre vaccinée avec des cultures en bouillon de cet agent microbien (En collaboration avec M. J. Nicolas).

Comptes-rendus de la Société de Biologie, 1901, p. 87.
Province Médicale, 1901, p. 438.

Nous avons recherché si le sérum de notre chèvre vaccinée ne serait pas doué de pouvoir bactéricide ou atténuant à l'égard du *staphylococcus aureus*. Nous avons ensemencé, tous les cinq jours environ, pendant dix générations successives, une partie de culture de staphylocoque dans vingt-cinq parties de sérum de chèvre vaccinée. Des générations parallèles étaient faites en sérum normal. La végétation s'est faite sous forme de grumeaux dans le sérum vacciné et avec un trouble uniforme dans le sérum normal. Les cultures ont été un peu moins luxuriantes à partir de la 4° génération dans la première série, mais elles ont continué à se montrer positives jusqu'à la fin. .

La culture en sérum de chèvre vaccinée a paru atténuer considérablement la virulence du microbe, fait déjà vu par M. Jules Courmont. Mais il semble que ce résultat soit dû pour une bonne part à l'action préventive du sérum lui-même, et non pas seulement à l'atténuation du virus.

———

103. — Septicémie staphylococcique avec pseudo-rhumatisme (En collaboration avec M. G. Mouriquand).

Bulletin de la Société Médicale des Hôpitaux de Lyon, 24 janvier 1905, p. 50.
Lyon Médical, 1905, CIV, p. 297.

Rhumatisme articulaire généralisé. Hyperthermie. Etat typhique. Mort rapide dans le coma. Culture du sang sur le vivant et sur le cadavre. Staphylococcie généralisée.

Autopsie : Œdème méningé et cérébral.

En somme, staphylococcie pseudo-rhumatismale terminée par pseudo-rhumatisme cérébral, comme dans les cas de Carrière, etc.

104. — Le staphylococcus pyogènes aureus et l'ostéomyélite (En
collaboration avec M. le professeur J. COURMONT).

> *Bulletin de la Société Médicale des Hôpitaux de Lyon*,
> 6 décembre 1904, p. 379.
> *Lyon Médical*, 1904, CIII, p. 1025.

105. — Staphylocoques pyogènes et ostéomyélite (En collaboration
avec M. le Professeur J. COURMONT).

> *Journal de Physiologie et de Pathologie générale*, 1905,
> p. 67-69.

Conformément aux conclusions déjà anciennes (1885) de Rodet,
Jaboulay, J. Courmont, Lannelongue et Achard, etc., et contrairement aux récentes assertions de Henke (de St-Pétersbourg), le
staphylococcus aureus, sans l'intermédiaire d'aucun autre agent
microbien (bacillus osteomyelitidis ?) a une tendance manifeste
et facile à démontrer, à se localiser au voisinage des épiphyses
des os *en voie de croissance*, et peut y produire des lésions de
suppuration et de nécrose. Il suffit, pour le prouver, de s'adresser
à de *jeunes* lapins (Rodet), et il n'est pas besoin que le staphylocoque inoculé provienne lui-même d'une ostéomyélite. Six expériences personnelles, dont trois positives, avec deux staphylocoques
de furoncles.

---

106. — Infections tétragéniques.

> *Province Médicale*, 1907.

Trois cas personnels : l'un de sinusite fronto-ethmoïdale chronique, l'autre de septico-pyohémie et le troisième d'endocardite
infectieuse.

VII. — SÉMÉIOLOGIE URINAIRE

A. — CRYOSCOPIE

---

107. — Applications médicales de la cryoscopie (En collaboration avec M. M. CHANOZ).

Mémoire couronné par l'Université de Lyon (prix Falcouz, concours de 1902).

L'étude critique de la cryoscopie et de ses applications médicales avait été imposée par l'Université de Lyon comme sujet de concours pour le prix Falcouz en 1902.

Nous l'avons entreprise avec le concours de M. Chanoz, docteur ès-sciences, chef des travaux physiologiques au laboratoire du professeur Morat. Dans nos recherches, toute la partie physique et chimique est la propriété de notre collaborateur ; nous nous étions chargé de la *partie clinique*.

Voici d'abord l'analyse du mémoire que nous avons remis à l'Université :

Revue générale de la question : critique de la théorie de Koranyi.

Nombreuses *recherches personnelles* :

Confirmation des données classiques sur la détermination du point de congélation du sérum sanguin, du liquide céphalo-rachidien, de la salive, de la bile, etc.

Observations dans lesquelles les données cryoscopiques ont été utiles ou intéressantes : méningite, scorbut, néphrites, albuminurie orthostatique, albuminurie nerveuse, asystolie.

Nos résultats sur la cryoscopie urinaire, en particulier chez l'homme normal, sont publiés d'autre part (voy. nᵒˢ suivants).

------

108. — Recherches sur la cryoscopie des urines : Note préliminaire (En collaboration avec M. M. CHANOZ).
Bulletin de la Société Médicale des Hôpitaux de Lyon, 9 mai 1902, p. 278.

Exposé critique de la théorie de Koranyi sur la sécrétion urinaire et de la loi limite des $\dfrac{\Delta}{\delta}$ proposée par MM. Claude et Balthazard.

Technique cryoscopique : recueillir et mesurer très exactement *toutes* les urines des 24 heures, déterminer avec toute la précision possible le poids du sujet et le Δ urinaire, doser NaCl en détruisant les matières organiques par le permanganate de potasse et titrer en opérant sur 20 cc.

Résultats de nos premières recherches : l'élimination moléculaire totale oscille, pour 24 heures, entre 3.000 et 4.000 chez les adultes normaux, tombe à 2.000 chez les obèses, s'élève à 5.000 ou 8.000 chez les enfants. *Importance du régime* observé par le malade au moment de la prise des urines (deux observations).

109-110. — Contribution à l'étude cryoscopique des urines des sujets normaux : deux mémoires (En collaboration avec M. M. CHANOZ).

Journal de Physiologie et de Pathologie générale, 1902, p. 865-876, et p. 891-898.

Dans notre *premier mémoire*, nous donnons la technique expérimentale suivie (détermination du poids du sujet, du volume des urines, dosage de NaCl, lecture du point de congélation à l'aide du cryoscope à glace, calcul de coefficients, représentation graphique des résultats), nous recherchons l'approximation des résultats obtenus et nous pensons qu'en pratique, on ne peut accorder une grande importance qu'aux valeurs $\frac{\Delta}{\delta}$ éloignées de la courbe.

Dans notre *deuxième mémoire*, nous faisons connaître 28 observations de sujets normaux, représentant près de 200 analyses cryoscopiques d'urines de 24 heures.

Nous relatons quelques considérations intéressantes concernant:

1°) Les *variations* de la concentration et de la teneur en NaCl de l'urine aux divers moments de la journée.

2°) Les variations journalières de NaCl, de la concentration moléculaire.

3°) L'élimination *rapportée au kilogramme* d'individu. Nous constatons qu'elle est, à un facteur près, de 3 à 4.000 molécules par jour, comme le disent MM. Claude et Balthazard.

4°) L'élimination chez les sujets *obèses* : elle est plus facile que celle des sujets normaux (2.000 environ), ce qui confirme l'idée de M. le professeur Bouchard, que tout : nutrition, élimination, doit être rapporté, non pas au poids total, mais au poids d'albumine fixe ;

5°) L'élimination des *jeunes enfants* : nous trouvons que leur diurèse moléculaire, rapportée au kilogramme, est bien plus élevée que celle de l'adulte (5.000 à 8.000 molécules par 24 heures), ce qui cadre bien avec cette idée que, chez eux, la nutrition est plus active que chez l'adulte (C. Bouchard).

Nous traduisons nos analyses en graphiques qui permettent de juger rapidement si la loi-limite est vérifiée chez nos sujets. Ils montrent que, parfois, des sujets normaux ont un $\frac{\Delta}{\delta}$ trop élevé, d'après la loi de MM. Claude et Balthazard *connue à cette époque*.

Nous n'en concluons pas que cette loi n'est pas exacte dans certaines conditions, mais nous estimons que *la teneur en NaCl de l'alimentation joue un rôle notable*, et que, en pratique, lorsqu'un sujet présente un $\frac{\Delta}{\delta}$ élevé faisant penser à de l'insuffisance, il y a lieu, avant de se livrer à une nouvelle recherche, de le mettre à un régime spécial, au lait par exemple.

III. — **Cryoscopie de quelques urines pathologiques** (En collaboration avec M. M. Chanoz).

Journal de Physiologie et de Pathologie générale, 1902, p. 1.088-1.101.

Dans ce mémoire, après l'historique de la question, nous relatons quelques cas pathologiques suivis par l'étude cryoscopique (7 observations, 115 analyses d'urines de 24 heures). Les graphiques schématisent les résultats.

A signaler, en particulier, l'observation I (néphrite avec urémie), où la formule d'imperméabilité constatée permettait de pronostiquer la mort ; l'observation II (néphrite chronique bien tolérée) où, malgré les flots d'albumine, l'état général concordait avec une formule de perméabilité suffisante.

Une autre observation de néphrite tuberculeuse (obs. III) mérite l'attention : notre malade, paraissant cliniquement bien, avait une formule d'insuffisance ; quelques mois plus tard, elle meurt d'urémie, donnant ainsi raison au renseignement cryoscopique.

Obs. VI. — Albuminurie nerveuse sans symptômes rénaux ; *perméabilité normale pendant le régime lacté, formule d'imperméabilité rénale à l'occasion du régime ordinaire.*

Obs. VI. — Albuminurie orthostatique, perméabilité normale.

Obs. VII. — Asystolie par myocardite ; élévation de $\frac{\Delta}{\delta}$ faible diurèse moléculaire, sans doute par diminution de la pression glomérulaire.

On trouvera, à la fin de ce mémoire, les renseignements bibliographiques se rapportant à la question. En outre, nous relatons, à l'occasion de nos recherches, des observations de *chlorurie expérimentale* qui ont été interprétées depuis par M. le professeur J. Courmont, et se rapprochent des récentes observations de M. F. Widal.

112. — Remarques sur la cryoscopie des urines (En collaboration avec M. M. CHANOZ).

Journal de Physiologie et de Pathologie générale, 1903, p. 347.

Les résultats de nos recherches sur la cryoscopie des urines normales provoquèrent une réponse de MM. Claude et Balthazard. Ils avaient reconnu que les valeurs-limites données par eux à $\frac{\Delta}{\delta}$ pour les valeurs correspondantes $\frac{\Delta V}{P}$ de la diurèse moléculaire étaient trop élevées. Ils donnèrent une nouvelle *loi-limite* s'écartant sensiblement de la première (de $\frac{1}{11}$, $\frac{1}{15}$, etc).

Comparés à cette *nouvelle* loi-limite, nos résultats ne sont pas complètement d'accord avec les vues de ces auteurs. Nous n'en concluons pas que la loi soit inexacte, mais nous estimons qu'il y a lieu de suivre les sujets étudiés *dans le temps*. C'est ce qui est fait une fois de plus pour l'un des nôtres, ainsi que nous le disons : la *persistance* de la formule d'imperméabilité rénale a permis de pronostiquer à juste titre l'urémie et la mort.

Nous concluons définitivement en disant que les renseignements cryoscopiques peuvent être utiles à la clinique lorsqu'ils sont très caractérisés, et en souhaitant vivement que la cryoscopie urinaire soit de plus en plus souvent et *correctement* appliquée.

B. - TOXICITÉ URINAIRE

113. — Nouvelle technique pour la recherche de la toxicité urinaire.

XXXVᵉ Congrès de l'Association française pour l'avancement des Sciences, Lyon, août 1906.
Section des Sciences Médicales.

Application à l'étude de la toxicité urinaire d'une méthode d'expérimentation sur les poissons, que nous avons employée, d'autre part, pour la recherche de la toxicité des alcools, des essences, des sérosités, etc.

---

114. — Détermination rapide de la toxicité des urines par leur action sur les poissons.

Journal de Physiologie et de Pathologie générale, VIII, 1906, p. 1.030-1.033.

On peut aisément se faire une idée approximative de la toxicité d'une urine, en y plaçant quelques goujons, et en observant les symptômes qu'ils présentent, ainsi que la durée de leur survie.

Les urines convulsivantes pour le lapin déterminent ainsi des convulsions chez les poissons ; les urines paralysantes produisent chez eux une perte rapide de l'équilibre.

Les urines moyennement toxiques, tuant 1 kilogr. de lapin à 50 cc. environ, tuent le goujon en 5 à 7 minutes. Les urines hypertoxiques pour le lapin, tuant 1 kilogr. à 5 cc. environ, tuent le goujon en 1, 2 et 3 minutes. Les urines hypotoxiques pour le lapin, tuant 1 kilogr. à 80, 100, 180 cc., tuent le goujon en 1/4, 1/2, 1 heure, plusieurs heures quelquefois.

Les variations de la nocivité des urines, parallèles pour le poisson et les autres animaux de laboratoire, ne peuvent être attribuées qu'à des variations de leur teneur en produits toxiques.

Les expériences sur les poissons, dont les résultats sont assez bien superposables à ceux des injections dans le sang du lapin, constituent une méthode facile, rapide, économique pour la recherche de la toxicité urinaire ; c'est, en somme, une véritable méthode d'hôpital.

Ces conclusions sont corroborées par de nombreuses expériences sur les poissons, avec des recherches comparatives sur le lapin.

VIII. — ALCOOLISME. ABSINTHISME

---

115. — **Toxicité expérimentale des alcools.**

> *Comptes rendus de la Société de Biologie*, 3 mars 1906, p. 471.

116. — **Noüvelles recherches sur la toxicité expérimentale des alcools alimentaires.**

> *Journal de Physiologie et de Pathologie générale*, 1906, p. 427-441.

Nous avons repris les expériences de MM. Joffroy et Servéaux et de leurs devanciers (Dujardin-Beaumetz et Audigé; Rabuteau, etc.), en tâchant de perfectionner la technique employée, et en étendant nos recherches aux animaux à sang froid. Nos expériences ont été nombreuses, portant sur des lapins, chiens, cobayes, grenouilles, poissons, intoxiqués avec les différents alcools. On trouvera dans notre travail un tableau récapitulatif des résultats obtenus, et une liste d'indications bibliographiques.

Comme *conclusions* :

La toxicité des alcools croît avec leur poids moléculaire, c'est-à-dire avec le nombre de leurs molécules de carbone, leur point d'ébullition, leur insolubilité, etc. (équivalent toxique = 15 gr. pour l'alcool méthylique, 10 pour l'alcool éthylique, 1/2 pour l'alcool amylique...).

Cette loi est générale pour tous les alcools alimentaires, y compris l'alcool méthylique, qui est ainsi le moins toxique de tous, même pour les animaux à sang froid.

La toxicité de l'alcool éthylique est loin d'être négligeable : elle est de 40 cc. 0/00 pour les poissons, et de 10 gr. 0/00 pour le lapin, animal de choix dans la recherche de la toxicité expérimentale.

L'intoxication expérimentale par les alcools purs se traduit surtout par la paralysie et le coma, ne donne pas d'épilepsie, et produit très peu de phénomènes convulsifs.

---

117. — Nouvelles recherches sur la toxicité expérimentale des essences usuelles.

Archives de Médecine expérimentale et d'Anatomie pathologique, XVIII, 1906, p. 803-817.

Nous avons repris cette étude, au sujet de laquelle certaines divergences séparaient les résultats de MM. Cadéac et Meunier de ceux de M. Laborde. Nous avons ajouté à la technique habituelle (injections intra-veineuses ou sous-cutanées, au chien, au lapin, au cobaye) l'expérimentation sur les poissons et les grenouilles. Nos expériences ont été nombreuses, portant sur de nombreuses essences, et ont été suivies dans quelques cas d'examen histologique. Un cas clinique d'intoxication aiguë par le vulnéraire, observé par nous, vient corroborer nos *conclusions*, que voici :

L'intoxication expérimentale par les essences se traduit par des symptômes variables, suivant qu'elles appartiennent au groupe convulsivant (absinthe) ou au groupe stupéfiant (anis).

L'essence d'absinthe n'est pas la seule épileptisante : celles de sauge, d'hysope, de fenouil, etc., peuvent aussi produire des crises épileptiformes.

Dans l'intoxication par les liqueurs usuelles (aromatisme), ce sont les convulsions épileptiformes qui dominent, tandis que les alcools purs produisent plutôt des phénomènes paralytiques.

L'essence d'absinthe et celle d'anis sont toutes deux très toxiques, mais de façon différente : la première, épileptisante, paraît agir plus violemment et plus vite ; la deuxième, surtout stupéfiante, paraît agir plus longtemps, et l'emporte souvent par sa quantité dans les liqueurs usuelles.

Les essences, à doses faibles, s'accumulent dans l'organisme, qui ne s'y accoutume pas ; elles favorisent l'évolution de la tuberculose.

Les expériences sur les animaux à sang froid, et, en particulier, sur les poissons, sont une méthode facile de détermination qualitative et quantitative de la toxicité des essences.

---

118. — **Influence de l'alcoolisme et de l'aromatisme chronique sur la tuberculose expérimentale** (En collaboration avec M. A. Legrand).

> *Bulletin de la Société Médicale des Hôpitaux de Lyon,* 6 novembre 1906.
> *Lyon Médical,* CVII, 2 décembre 1906, p. 887.

L'intoxication expérimentale chronique par l'*alcool* éthylique favorise l'éclosion de la tuberculose d'inoculation, en hâte l'évolution, facilite les localisations pulmonaires, produit des abcès froids locaux et aboutit rapidement à une cachexie mortelle.

De même, l'imprégnation par les essences d'*absinthe* et d'*anis* active l'infection bacillaire expérimentale et favorise l'éclosion de tubercules dans les poumons.

Les conclusions, basées sur de nombreuses expériences portant sur des cobayes, des chiens, des lapins, sont en rapport avec les faits cliniques si nombreux, démontrant l'action favorisante de l'alcoolisme et de l'absinthisme sur la tuberculose humaine. Elles sont conformes aux résultats publiés par Achard et Guillard au dernier congrès de la tuberculose.

---

119. — **Alcoolisme et Tuberculose. Etude statistique, géographique, clinique et expérimentale.**

> *Thèse de A. Legrand,* Lyon, 1906-1907.

Les Etats, les départements, les villes, les quartiers où l'on consomme le plus d'alcool sont ceux où l'on meurt le plus de tuberculose. L'influence des professions est également incontestable.

Expérimentalement, l'alcool et les essences hâtent la tuberculose et favorisent les localisations pulmonaires.

Cliniquement, l'alcool livre à la bacillose des sujets âgés qui sans lui auraient résisté parfaitement.

La descendance des alcooliques est prédisposée à la tuberculose.

Nombreuses recherches cliniques et expérimentales. Bibliographie complète.

IX. — CANCER

120. — **Essais d'inoculation de cancer mélanique.**

> (*In* R. Pouly). *Société des Sciences Médicales de Lyon*,
>   5 décembre 1900.
> *Province Médicale*, 1900, p. 583.

Inoculation à des cobayes de tumeurs mélaniques enlevées,
paraissant très malignes par leur généralisation rapide ; résultats
entièrement négatifs.

121. — **Sarcomatose ganglionnaire généralisée, consécutive à un
sarcome de l'ovaire** (En collaboration avec MM. Thévenot
et Dumas).

> *Bulletin de la Société Médicale des Hôpitaux de Lyon*,
>   30 janvier 1906, p. 39.
> *Lyon Médical*, CVI, 1906, p. 341.

Observation clinique, autopsie, examen histologique, bibliographie. Inoculations négatives.

**122. — Cancer du corps thyroïde généralisé aux ganglions péri-
gastriques ; sténose du cardia** (En collaboration avec
M. A. DUMAS).

Bulletin de la Société Médicale des Hôpitaux de Lyon,
28 novembre 1905, p. 376.
Lyon Médical, 1905, CV, p. 992.

Observation clinique avec autopsie et examen anatomo-patholo-
gique. La symptomatologie était celle de la sténose du cardia ;
le cancer thyroïdien primitif n'avait donné aucun signe.

X. --- MALADIES ABDOMINALES

---

123. — Ïctère progressif dû à la compression du cholédoque par
des ganglions caséeux. -- Rétrodilatation des canalicules
biliaires ; diaphragme tuberculeux.

Bulletin de la Société Médicale des Hôpitaux de Lyon,
3 octobre 1902, p. 424.
Lyon Médical, 1902, XCIX, p. 502.

Ictère progressif avec décoloration des fèces ; gros foie, grosse
vésicule, chez un malade atteint de tuberculose pulmonaire ; adénite sus-claviculaire faisant croire à tort à l'existence d'un néo-
plasme : cholécystotomie, mort par broncho-pneumonie tuberculeuse.

Autopsie : Adénopathie tuberculeuse généralisée examen histologique, infiltration caséeuse de la face intérieure du diaphragme, compression ganglionnaire du cholédoque, dilatation
des canalicules biliaires intra-hépatiques, rendant le foie spon-
gieux et plus léger que l'eau.

---

124. — **Obstruction intestinale partielle de l'anse sigmoïde sans
torsion (En collaboration aevc M. J FROMENT).**

Bulletin de la Société Médicale des Hôpitaux de Lyon,
13 octobre 1903, p. 392.

Obstruction chronique survenue brusquement. Douleurs abdominales intenses et collapsus rapidement mortel, au 19e jour, à la suite d'un grand lavement huileux.

Autopsie : Perforation intestinale récente, dilatation énorme de l'extrémité de l'anse sigmoïde, sans néoplasie, ni torsion, comprimant le rectum en arrière. Adhérences nombreuses et anciennes des anses à cette poche, contenant une quantité énorme de pelures de pommes de terre et une pomme de terre entière.

Ce cas est remarquable par son allure torpide (il y avait des selles par regorgement), par l'absence de coudure et de torsion (nous pensons qu'il faut peut-être incriminer une dilatabilité spéciale de la paroi du côlon).

Nous concluons à la *nécessité de l'intervention chirurgicale* même dans les cas bien tolérés, et aux dangers possibles des grands lavements d'huile.

-----

125. — Angiocholite infectieuse avec double abcès du foie, abcès sous-phrénique et pleurésie séreuse gauche à formule polynucléaire persistante ; incision de l'abcès sous-phrénique ; incision de l'abcès du foie ; mort (En collaboration avec MM. BARJON et GENET).

Bulletin de la Société Médicale des Hôpitaux de Lyon,
    19 avril 1904, p. 161.
Lyon Médical, 1904, CII, p. 899.

Observation clinique avec opération, autopsie, examen bactériologique du pus (streptocoques) et cytologie du liquide pleural (polynucléose persistante jusqu'à 96 % pendant 3 mois). L'évolution clinique a parcouru 3 phases : d'angio-cholite infectieuse, de pleurésie gauche, d'abcès sous-phrénique gauche symptomatique d'un abcès du foie.

126. — **Abcès dysentérique intra-hépatique.** — **Collection sous-hépatique et perforation du côlon consécutives** (En collaboration avec MM. Ch. GAUTHIER et G. MOURIQUAND).

Bulletin de la Société Médicale des Hôpitaux de Lyon,
31 janvier 1905.

Chez un paludéen, large collection sous-hépatique ; à l'autopsie, abcès intra-hépatique communiquant avec un foyer sous-hépatique et perforation du côlon.

En somme, abcès d'origine dysentérique, primitivement intra-hépatique, ayant secondairement siégé sous le foie, et s'étant enfin ouvert dans le colon. Migration particulièrement rare.

127. — **Présentation d'un cas d'aortite abdominale.**

Bulletin de la Société Médicale des Hôpitaux de Lyon,
23 mai 1905, p. 226.
Lyon Médical, 1905, CIV, p. 1250.

Observation clinique avec autopsie, rappelant les cas de Potain, J. Teissier, Roque, etc. : prédominance de l'athérome sur la partie abdominale de l'aorte.

128. — **Choléra nostras à bacilles verts et à spirilles.**

Bulletin de la Société des Sciences Médicales de Lyon,
1907.
Lyon Médical, 1907.

Petite épidémie familiale de diarrhée cholériforme, dont un cas fut mortel : observation clinique, autopsie, examen histologique.

La *bactériologie* permit le diagnostic (bacilles verts), malgré la présence dans les fèces de nombreux et longs spirilles qu'on ne put cultiver.

XI. -- MALADIES NERVEUSES

---

129. — Valeur du signe de Kernig dans la méningite cérébro-spinale et dans la méningite tuberculeuse (En collaboration avec M. E. JOSSERAND).

Société des Sciences Médicales de Lyon, 6 et 13 mars 1901. *Province Médicale*, 1901. 119 et 130.

Le signe de Kernig s'est montré, avec la rétention d'urine, le plus précoce de tous, dans un cas de méningite cérébro-spinale. Dans trois cas de méningite tuberculeuse, ce signe nous a également permis de bonne heure de faire un diagnostic exact. Ces faits sont la confirmation des idées de Netter, de Roglet, etc., pour qui le Kernig existe dans 86 à 90 % des méningites, et n'existe pas ailleurs.

---

130. — Un cas de thrombo-phlébite du sinus latéral à coli-bacilles. In M. Lannois, *Bulletin de la Société Médicale des Hôpitaux de Lyon*, 1902, p. 429 et *Thèse de Costil*, Lyon, 1902.

Il s'agit d'un cas de thrombo-phlébite du sinus latéral sans communication avec le foyer otique. C'est la première fois que le coli-bacille est trouvé dans ces conditions au milieu du caillot d'une thrombo-sinusite d'origine otique. Le coli-bacille isolé détermina des abcès pulmonaires chez le lapin, alors que le sujet de l'observation était mort avec des abcès du poumon.

131. — Recherches bactériologiques sur le sang des épileptiques (En collaboration avec M. M. Lannois).

Bulletin de la Société Médicale des Hôpitaux de Lyon, 3 novembre 1903, p. 434.

M. Bra a décrit en 1902 un streptocoque spécial qui existerait quatre-vingt fois sur cent dans le sang des épileptiques en état de crises, dont l'inoculation à l'animal déterminerait des crises épileptiformes et dont les cultures seraient agglutinables par le sérum des comitiaux.

En nous plaçant dans les mêmes conditions que M. Bra, nous n'avons obtenu, soit dans les cultures, soit dans les examens du sang à l'état frais, que des résultats entièrement négatifs, jamais aucun microbe décelable.

Les recherches de M. Besta, poursuivies en Italie, en même temps que les nôtres, ne font que les corroborer pleinement.

---

132. — Ramollissement du lobe préfrontal droit avec symptômes pseudo-addisoniens, terminé par hydropisie ventriculaire (En collaboration avec M. A. Dumas).

Bulletin de la Société Médicale des Hôpitaux de Lyon, 28 novembre 1905, p. 371.
Lyon Médical, 1905, CV, p. 988.

Observation clinique suivie d'autopsie. Réflexions sur l'action hypertensive de l'adrénaline, sur la séméiologie des lésions du lobe frontal en dehors de la région motrice, sur l'hydrocéphalie ventriculaire, etc.

---

133. — Un cas de maladie d'Addison avec troubles sympathiques
(En collaboration avec MM. J. COURMONT et L. THÉVENOT).

Bulletin de la Société Médicale des Hôpitaux de Lyon,
11 avril 1905, p. 161.
Lyon Médical, 1905, CIV, 979.

Pigmentation un peu spéciale, rappelant la mélanodermie arsenicale de Brouardel, Gaucher, etc., respectant la face, les extrémités, les muqueuses. Darier signale un fait semblable chez un addisonien mort tuberculeux. De plus, les cicatrices sont décolorées au lieu d'être hyperpigmentées.

L'existence de troubles sympathiques rappelle les cas de Moutard-Martin et Malloizel, etc.

---

134. — Aphasie chez un jeune phtisique. Ramollissement de la circonvolution de Broca, de la zone de Wernicke et du noyau lenticulaire gauche (En collaboration avec M. BARJON).

Bulletin de la Société des Sciences Médicales de Lyon,
1907.   J
Lyon Médical, 1907.

A propos de cette observation anatomo-clinique d'artérite cérébrale infectieuse, réflexions sur le ramollissement cérébral des phtisiques et sa rareté, et sur les centres de l'aphasie.

---

135. — Tubercules du corps calleux et du pli courbe (En collaboration avec M. DUMAS).

Société des Sciences Médicales de Lyon, 1907.
Lyon Médical, 1907.

Surprises d'autopsie : la symptomatologie avait été celle d'un ramollissement cérébral chez une ostéomalacique.

136. — Un cas de mort subite dans l'hystérie.

Province Médicale, 1907.
Société des Sciences Médicales de Lyon, 1907.
Lyon Médical, 1907.

Mort subite au cours d'une crise hystérique chez une jeune fille de 18 ans.

Autopsie négative.

XII. — HYGIÈNE ET BACTÉRIOLOGIE GÉNÉRALES

137. — **Essais de neutralisation de la toxine tétanique par l'hyposulfite de soude chez le cobaye** (En collaboration avec M. J. Nicolas (voy. le n° 14).

Province Médicale, 1900, p. 519.

Résultats négatifs.

138. — **Du passage de quelques cultures microbiennes à travers les bougies filtrantes.**

Bulletin de la Société Médicale des Hôpitaux de Lyon, 6 juin 1902, p. 363.
Journal de Physiologie et de Pathologie générale, 1902, p. 709-712.

Le dispositif employé dans ces expériences, inspirées par celles de Cambier, se compose d'un tube d'Esmarch contenant du bouillon dans lequel plonge une bougie Chamberland petit modèle, marque F. On ensemence dans la bougie et on surveille le bouillon extérieur ; dès qu'il se trouble, on fait les examens nécessaires pour constater la pureté de la culture. Nos recherches ont porté sur 19 espèces microbiennes différentes, choisies parmi les plus répandues. Voici nos *conclusions* :

En milieu de Cambier (eau peptonée salée et sodée), la plupart des microbes ne traversent pas, ou du moins traversent très lentement les bougies de porcelaine poreuse , ceux qui font exception à cette règle (Eberth, coli, choléra), peuvent donc être séparés des autres, au moins simultanément.

En bouillon ordinaire, la plupart des espèces traversent les filtres, mais avec de grandes différences de rapidité ; on peut donc ainsi encore réaliser certains isolements.

En somme, la méthode de Cambier peut être retenue comme permettant une sélection relative entre les espèces microbiennes.

---

139. — Article **Théories d'Ehrlich.**

> In *Précis de Bactériologie*, de J. *Courmont*, 2º et 3º édition, 1903 et 1906.

---

140. — **L'hygiène en Italie. Législation, organisation, enseignement.**

> *Bulletin de la Société des Amis de l'Université de Lyon*, 1902, p. 709.

141. — **L'Hygiène en Italie. Législation sanitaire. Enseignement et organisation.**

> *Thèse de Séverac, Lyon*, 1902-1903, nº 116.

Étude critique de la loi sanitaire italienne et de l'enseignement de l'hygiène en Italie. Instituts d'hygiène de Turin, Rome, Naples, etc. *Résultats* rapides : accroissement de population, diminution de la malaria, etc.

---

142. — Collaboration au **Précis de bactériologie** de J. Courmont,
2º et 3º édition, 1903 et 1906.

---

143. — **L'Islamisme devant l'Hygiène.**

Presse Médicale, 8 novembre 1905, p. 729.

Quelques réflexions critiques à propos des prescriptions du
Coran, relatives à la prohibition des boissons fermentées, à l'usage
des bains et des ablutions partielles, à l'épilation et à la circon-
cision, à la police des mosquées ; quelques remarques au sujet du
pèlerinage de La Mecque, du Rhamadan, de l'état sanitaire de la
Perse et des pays musulmans, etc.

---

144. — **Action de la lumière solaire et des lumières colorées sur
la production de pigment vert fluorescent dans les cultures du bacille pyocyanique** (En collaboration avec
M. A. LEGRAND).

Bulletin de la Société Médicale des Hôpitaux de Lyon,
6 juin 1905, p. 253.
Lyon Médical, 1905, CV, p. 1362.

La lumière directe du soleil agit sur le bacille pyocyamique en
l'empêchant, dans une certaine mesure, de produire son pigment
vert fluorescent.
Les diverses radiations ont une action très différente : les unes
sont favorisantes, les autres empêchantes ; d'autres agissent par
la combinaison, en proportion variable, de ces deux actions.
L'action de la lumière produit des modifications de la fonction
pigmentaire, transmissibles par hérédité, quoique tendant à s'atténuer dans les générations successives.
Expériences personnelles. Bibliographie.

145. — Action de la lumière sur les bactéries (En collaboration avec M. A. LEGRAND).

Province Médicale, 1907.

Dans cette *revue générale*, dont l'idée nous a été inspirée surtout par les travaux de M. le professeur Arloing et à laquelle nous avons ajouté quelques expériences personnelles, nous avons abordé 4 chapitres : Historique ; Conditions d'action de la lumière ; Action sur les microbes chromogènes, pathogènes, sur les toxines microbiennes ; Influence sur l'épuration de l'air, des eaux du sol, etc.

Nos *conclusions* sont les suivantes :

La lumière a sur les microbes une action bactéricide très marquée. Cette action s'exerce à la fois sur le bacille lui-même et sur sa toxine. Sur le bacille, on observe une diminution de sa mobilité, de son pouvoir chromogène, de sa virulence, de son pouvoir reproducteur; enfin, on obtient la destruction complète. Sur la toxine, il s'agit d'une oxydation par l'oxygène de l'air, qui aboutit à une diminution progressive de sa puissance.

Les conditions qui influent sur l'action de la lumière sont : l'épaisseur du milieu à insoler, l'abondance des rayons chimiques du spectre qui sont les plus actifs, l'influence de l'intensité lumineuse, la durée de l'insolation, les variations de résistance individuelle, l'état de dessication ou d'humidité des bacilles, la nature du milieu, la présence ou l'absence de l'air.

Ces diverses conditions rendent compte des phénomènes observés dans l'épuration naturelle de l'air, des eaux et du sol, sous l'influence de la lumière solaire, ainsi qu'en photothérapie.

———

146. — Climatologie.

Traité d'Hygiène de Brouardel et Mosny. Paris, Baillière. 1906, fascicule 1, chapitre 2, pages 75-122.

Voici les grandes divisions de cet article :
Définitions, Divisions.

I. — *Climatologie générale.*
Température. — Variations, thermométriques. — Influences sanitaires : Action du froid sur notre organisme. Action du froid sur les microbes. Action de la chaleur sur les microbes. Action

de la chaleur sur notre organisme. Accidents dus à la chaleur. Action des variations brusques et importantes de température.

Hygrométrie, brouillards, etc. — Variations hygrométriques. Influences sanitaires.

Pluies, Neige, etc. — Variations pluviométriques. Influences sanitaires.

Vents. — Variations anémométrques. Influences sanitaires.

Orages. — Variations. Influences sanitaires.

Courants chauds des mers.

II. — *Climats tempérés.*

Climats tempérés en général. Plaines continentales. — Météorologie. Action physiologique. Pathologie. Hygiène et prophylaxie.

Climats maritimes. — Météorologie. Action physiologique. Pathologie. Hygiène et prophylaxie.

Climats d'altitude. — Météorologie. Action physiologique et prophylaxie (habitations sur les hauts plateaux, mal des montagnes, etc., etc.). Hygiène et prophylaxie.

Subdivisions climatériques de l'Europe et de la France. Plages méditerranéennes. — L'Europe, La France. Climats continentaux français. Climats maritimes français. Action physiologique des plages.

III. — *Climats chauds et climats torrides ou tropicaux.* — Météorologie. Action physiologique. Pathologie des climats chauds (extra et intra-tropicaux). Hygiène et prophylaxie.

IV. — *Climats froids et climats polaires.* — Météorologie. Action physiologique. Pathologie. Hygiène et prophylaxie.

V. — *Adaptation aux climats.* — Conditions et lois. Acclimatement individuel, acclimatement de race. Mécanisme. Applications.

(6 figures dans le texte, 2 planches hors texte en couleurs).

---

147. — Tabagisme expérimental.

Comptes rendus de la Société de Biologie, 1907.

Expériences sur l'intoxication aiguë et chronique par le tabac avec et sans nicotine. Utilité de la dénicotinisation.

XIII. — VARIA

148. — **Un cas de morve.**

Société des Sciences Médicales de Lyon, 19 juillet 1899.

149. — **Un cas de morve aiguë chez l'homme. Observation clinique et examen bactériologique** (En collaboration avec M. F. COMTE).

Province Médicale, 1899, p. 349.

Il s'agit d'un cas de morve humaine, mortelle en 15 jours, dont l'étiologie fut très obscure, et l'allure très irrégulière ; jamais on n'observa de jetage vrai ; les symptômes du début firent penser successivement à la grippe, à la pleuro-pneumonie, à l'érysipèle facial. Ce fut seulement grâce à la bactériologie que l'on put faire un diagnostic certain et un pronostic exact.

Cette observation montre l'importance, dans les cas semblables, des trois sortes de renseignements dont l'ensemble équivaut à une certitude lorsqu'ils sont positifs : examen microscopique direct, culture sur pomme de terre, enfin et surtout, *signe de Straus*, c'est-à-dire production d'orchite chez le cobaye.

On trouvera exposées dans ce mémoire les idées de M. Paul Courmont sur le séro-diagnostic de la morve, qui ne paraît devoir fournir autre chose que des présomptions.

150. — Un cas de streptococcie d'origine grippale.

In *Thèse de L. Pallud*, Lyon, 1900-1901, n° 146.

Septico-pyohémie consécutive à la grippe, terminée par guérison après ouverture de plusieurs foyers suppurés. Nature streptococcique des complications de la grippe dans ce cas particulier et dans la grippe en général.

---

151. — Eosinophilie dans un cas de pemphigus foliacé primitif.

In P. Meynet et Ribollet. *Annales de Dermatologie et de Syphiligraphie*, 1903, p. 208.

L'éosinophilie dans le pemphigus foliacé primitif est considérée comme constante par Leredde.

Chez notre malade, nous avons trouvé une fois 10 %, une autre fois 4 % d'éosinophiles dans le sang.

---

152. — Rétrécissement mitral reconnu chez une asystolique par la vibration dure de la mitrale (En collaboration avec M. NORDMANN).

Société des Sciences Médicales de Lyon, 1907.
Lyon Médical, 1907.

C'était le seul signe de lésion orificielle. Confirmation des idées de M. le Professeur Bard.

---

153. — Essais de sérothérapie anti-adipeuse expérimentale.

Comptes-rendus de la Société de Biologie, 1907.

Expériences inspirées par les récents essais de sérothérapie anti-cancéreuse. Résultats peu encourageants.

---

154. — Analyses diverses.

In *Journal de Physiologie et de Pathologie générale*, depuis 1899.
In *Presse Médicale*, depuis 1905.

TABLE DES MATIÈRES

Pages

I. Diphtérie. — Bacilles pseudo-dipthériques 7

II. Rage 16
    A. Hématologie et cytologie 16
    B. Etudes anatomo cliniques 20
    C. Traitement 25

III. Fièvre typhoïde. — Bacille d'Eberth et colibacille 28
    A. Etudes anatomo-cliniques 28
    B. Hémoculture 35
    C. Eberthurie 37
    D. Isolement et agglutination des bacilles 40

IV. Tuberculose. — Pleurésies 45
    A. Recherches bactériologiques et expérimentales 45
    B. Etudes anatomo-cliniques 48
    C. Bactériologie du sang. — Procédé de la sangsue. 50
    D. Prophylaxie et Thérapeutique 53

V. Rhumatisme. — Endocardites 55

VI. Staphylococcie 61

VII. Séméiologie urinaire 64
    A. Cryoscopie 64
    B. Toxicité urinaire 69

VIII. Alcoolisme. — Absinthisme 71

IX. Cancer 75

X. Maladies abdominales 77

XI.   — nerveuses 80

XII. Bactériologie et Hygiène générales 84

XIII. Varia 89

Imp. P. LEGENDRE & Cⁱᵉ, 14, rue Bellecordière, Lyon.

9 782329 091686